城乡协调发展研究丛书
总编◎李小建　仉建涛

中国农村转移人口
离农机制研究

———————

STUDY ON
THE MECHANISM OF TRANSFERRING POPULATION
FROM AGRICULTURE IN RURAL AREAS OF CHINA

郑　云◎著

社会科学文献出版社
SOCIAL SCIENCES ACADEMIC PRESS (CHINA)

总　序

　　城乡协调发展河南省协同创新中心（2017 年 2 月由中原经济区"三化"协调发展河南省协同创新中心更名而来，以下简称"中心"）是河南省首批"2011 计划"（高等学校创新能力提升计划）建设单位，2012 年 10 月由河南省政府批准正式挂牌成立。中心以河南财经政法大学为牵头单位，河南大学、河南农业大学、河南师范大学、河南工业大学、信阳师范学院、许昌学院、河南省委政策研究室、中共河南省委农村工作办公室、河南省发展和改革委员会、河南省政府发展研究中心、河南省工信厅、河南省住建厅等多所省内著名高校和政府机构作为协同单位联合组建。

　　中心的综合使命是按照"河南急需、国内一流、制度先进、贡献重大"的建设目标，充分发挥高等教育作为科技第一生产力和人才培养第一资源结合点的独特作用，以河南省经济社会发展重大需求为导向，以这一省情十分独特区域的城乡协调发展创新任务为牵引，努力实现城乡协调发展基础理论、政策研究与实践应用的紧密结合，助推河南省城乡协调发展走在全国前列。

　　城乡协调本身就是非常复杂的问题，城乡空间协调、产业协调、绿色发展是中心重点研究推进的三个维度。研究如此大而系统的复杂问题，中心一方面展开大量的理论研究，另一方面展开广泛深入的调查，此外，还不断将理论应用于实践，目前已取得一定的阶段性成果。

　　为此，中心组织相关研究力量，对城乡协调问题进行不同侧面研究，将研究成果编纂成"城乡协调发展研究丛书"。一方面，通过丛书向政府和公众及时报告中心的研究进展，使中心的研究成果能够得到适时的关注和应用；另一方面，中心也可以从政府和公众的反馈中不断改进研究方法。我们深知所要研究的问题之艰难以及意义之重大，我们一定会持续努力，不辜负河南省政府及人民对我们的信任和寄托，做对人民有用的研究。

十分感谢社会科学文献出版社对丛书出版给予的大力支持。

李小建　仉建涛

2017 年 4 月 19 日

序

城镇化进程中，农村人口必然转入城镇工作和生活，成为城镇居民。中国的特殊国情，使得相当一部分农民进城工作并较长时间在城镇生活，但其户口身份和家庭仍在农村，不享有城镇社会保障。

以农民工为主体的农村转移人口的职业与身份长期处于非同步转换状态，"移而不离"使这一部分人口身份模糊、处境尴尬，影响其收入增加、福利改善、人力资本水平的提高和资源配置的优化。据此，如何科学构建农村人口转移离农机制，进而推动农村转移人口从职业到身份的全方位离农，事关改革全局，成为当前城乡一体化建设和破解"三农"困局的关键问题之一。

郑云博士以离农机制为题，在实际调查和理论思考的基础上，对中国农村转移人口问题进行很有深度的探索，从很多方面弥补了前人研究的不足。该书具有三个特点。

（1）通过对史志资料的解析，从农村转移人口的退农意愿、移居观念、转移渠道、支持措施等方面透视农村转移人口离农现存问题，提出农村转移人口离农机制的基本思路，并据此构建了自愿退农机制、市民化机制、有序转移机制、运行保障机制四位一体的农村转移人口离农路径。

（2）运用问卷调查、田野访谈、座谈等方法，开展了大规模的实地调查。以河南省17地（市）、62县（区、县级市）、145乡（镇）、196村的556户样本农户调查数据为依据，分别对农村转移人口的农地退出态度、市民化状况进行深入剖析，认为"化解保障困惑"是推动农村转移人口退出农地的核心命题；解决农村财产权利处置是农村转移人口市民化的基本前提；提高农民自身技能水平与城镇承载力是提升农村转移人口市民化意愿的重要基础。

（3）借鉴时间地理学和地理空间分析理论，利用调查数据，辨识农村转移人口外出务工的时空类型，剖析农村转移人口外出务工的空间演化特征、空间进入特征及空间流动特征，指出当前农村人口转移仍停留在"一次有序转移"的初始阶段，与以"匹配"为标志的"二次有序转移"的高级阶段仍有较大差距。

作为郑云博士的博士后合作老师，我很欣赏她求真务实的学术态度，也欣喜地看到她辛勤工作而取得的学术成果。在原有研究的基础上，期待郑云博士能够在农村集体财产权利处置机制、农村转移人口空间布局、农村转移人口市民化质量等领域不断扩展研究链条，取得更高水平的科研成果。

国际欧亚科学院院士
原河南财经政法大学校长
李小建

目　录

第一章　导论

第一节　研究背景与意义

近年来，党和国家高度重视农村转移人口问题。党的十八大报告明确指出要"加快改革户籍制度，有序推进农业转移人口市民化，努力实现城镇基本公共服务常住人口全覆盖"。党的十八届三中全会通过的《中共中央关于全面深化改革若干重大问题的决定》再次提出要"推进农业转移人口市民化，逐步把符合条件的农业转移人口转为城镇居民"。2014 年颁布的《国家新型城镇化规划（2014～2020）》同样强调要"逐步使符合条件的农业转移人口落户城镇，不仅要放开小城镇落户限制，也要放宽大中城市落户条件"。国际经验表明，农村人口转移是经济社会发展的一般性规律，也是难以阻挡的历史趋势。只要存在城乡发展差距与城市间发展差距，农村人口进城及在城市间流动的趋势就不可逆转。

改革开放后，尤其是 20 世纪 90 年代以来，中国农村人口大规模转移。相关资料显示，2015 年全国农民工总量为 27747 万人，比上年增加 352 万人，增长 1.3%。其中，外出农民工 16884 万人，比上年增加 63 万人，增长 0.4%；本地农民工 10863 万人，比上年增加 289 万人，增长 2.7%[1]。长期以来，农村转移人口在推动经济增长[2]、缩小地区间差距并改善收入

---

[1]　国家统计局：《2015 年我国农民工调查监测报告》，http：//www.stats.gov.cn/tjsj/zxfb/201604/t20160428_ 1349713.html。

[2]　Cai, F., Wang, D. and Du, Y., "Regional Disparity and Economic Growth in China: The Impact of Labor Market Distortions," *China Economic Review*, 13, 2002: 197－212.

不平等①、促进现代农业发展及推动城镇化建设②、驱动改革和社会融合③等方面发挥了巨大作用。然而，必须指出的是，以农民工为主体的农村转移人口的职业与身份却长期处于非同步转换状态，随着市场经济体制改革不断深化与经济社会发展水平不断提高，农村转移人口的模糊身份与尴尬处境所带来的弊端与困惑日益凸显，突出表现为"非城非乡，亦工亦农"，呈现"半城镇化"状况，既不利于农村资源优化配置，也无助于其在城镇中转变价值观念、提高社会地位、享受生存权利等，更加严重阻碍了全国经济社会进一步发展。换言之，广大农村转移人口如"候鸟"一般，就业在城市，户籍在农村；主要劳动力在城市，其他家庭成员在农村；城市有工作，农村有土地；主要收入来自城市，积累和消费在农村；日常生活在城市，逢年过节回农村；黄金时间用在城里，人口红利留在发达地区和城市。当前，中国正值工业化中期阶段与城镇化加速阶段，经济社会即将进入新一轮变革期，应积极采取各种措施来助推农村转移人口实现"全职非农"，即全方位离农，继而通过土地、劳动力、资金、技术、政策等资源优化配置来形成新的"制度红利"，并以此为国家发展战略的调整创造条件，同时避免陷入"中等收入陷阱"。

农村人口转移是长期性、系统化、巨复杂的事业，关键环节在于通过顶层设计与整体谋划离农机制来提高农村人口转移的效果与效率，实现转移人口由农村向城市有序流动，并预防其向农村"回流"及避免其在城市"滞留"。实践表明，中国农村转移人口在自愿退农机制、市民化机制、有序流动机制、运行保障机制上仍有很大创新余地。据此，在新型工业化、新型城镇化、农业现代化与信息化协调发展的新时期，在全面深化改革的新阶段，对中国农村转移人口离农进程进行历史轨迹描述和现状系统把握，结合国内外成功经验，深刻剖析农村转移人口离农基本内涵，系统探

---

① 王小鲁、樊纲：《中国地区差距的变动趋势和影响因素》，《经济研究》2004 年第 1 期。

② 武国定、方齐云、李思杰：《中国农村劳动力转移的效应分析》，《中国农村经济》2006 年第 4 期。

③ "城镇化进程中农村劳动力转移问题研究"课题组：《城镇化进程中农村劳动力转移：战略抉择和政策思路》，《中国农村经济》2011 年第 6 期。

究农村转移人口离农客观现状，合理辨析农村转移人口离农一般规律，并据此加强对农村转移人口离农机制转型、优化和重新设计的研究，已经成为当前亟须解决的重大现实问题，本书具有重要的理论意义与实践意义。

第二节 研究目标、思路与主要内容

一 研究目标

中国农村转移人口离农问题有其独特的背景与特点。只有系统梳理农村人口转移机理，才有可能揭示农村转移人口离农的关键因素，并为相关政策措施的制定与实施提供客观依据。据此，本书以农村转移人口为研究对象，以离农机制创新为主要研究内容，系统分析中国农村转移人口离农进程中的困境及问题，科学构建中国农村转移人口离农机制。就具体研究目标而言，一是解析现状困境，界定发展内涵。基于跨学科、复合型、战略性的研究视角，综合考察中国农村转移人口离农的历史进程，系统梳理国外农村转移人口离农的主要经验，准确把握当前农村转移人口离农的基本格局，有效破解农村转移人口离农所面临的约束条件，科学厘清农村转移人口离农的具体内涵和实现路径。二是构建实现路径，形成发展规划。因循"理论剖析—历史回顾—经验借鉴—现状剖析—问题反思—模式构建—机制设计"的研究路线，科学创新中国农村转移人口的离农机制，为完善新型城镇化发展规划提供理论借鉴、经验支持和政策建议。

二 研究思路

本书根据对中国农村转移人口现状的基本判断，依托"四化同步"发展、全面深化改革与经济发展新常态的时代大背景，综合运用农业经济学、区域经济学、产业经济学、劳动经济学、发展经济学、制度经济学、公共经济学、行为经济学、空间地理学、社会学、计量经济学、博弈论等理论与方法，以促进农村转移人口离农、提高农村转移人口离农效率为主线，对中国农村转移人口离农进程进行历史轨迹描述，结合国外经验，深刻剖析农村转移人口离农内涵，系统探究农村转移人口离农现状，合理辨析农村转移人口离农规律，创新农村转移人口离农机制。本书研究框架与技术路线见图 1 - 1。

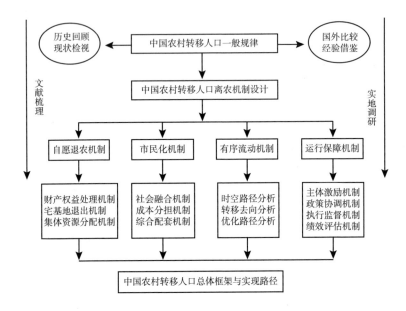

图 1 - 1　本书研究框架与技术路线

三　研究主要内容

基于上述研究思路，结合国内外学术界研究成果和中国国情，本书将进一步细化为以下九部分展开研究，具体内容如下。

第一章为导论。本部分阐释了农村转移人口离农的时代背景、理论意义和应用价值，并架构了全书研究的主要目标、基本思路、主要内容、关键方法、拟解决的关键问题等。

第二章为农村转移人口离农的理论基础与实践内核。本部分对农村转移人口、农村转移人口离农、农村转移人口离农机制等核心概念进行了界定，从农村人口流动经典理论以及中国农村转移人口离农的影响因素、行为意愿、与城镇化之间关系、自愿退农、市民化、有序流动、运行保障等角度总结并评述了国内外已有研究，并从劳动力素质提高、城乡收入差距缩小、资源优化配置以及新型工业化、新型城镇化、农业现代化发展等层面辨析了农村转移人口离农的实践内核，建立了本书的理论基础。

第三章为中国农村转移人口离农进程的历史回顾与经验总结。本部分分不同历史时期回顾了新中国成立后农村转移人口离农制度的演变轨迹，并总结了相关特征与规律。

第四章为农村转移人口离农进程的国际比较与经验借鉴。本部分在归纳了发达国家、新型工业化国家、发展中国家农村转移人口离农动因的基础上，廓清了国外农村转移人口离农的主要方式，总结了其宝贵经验，并得出有益启示。

第五章为中国农村转移人口离农机制构建。本部分首先从农村转移人口的退农意愿、移居观念、转移渠道、支持措施等方面透视了离农现存问题，提出农村转移人口离农机制构建的基本思路，并据此构建了以自愿退农机制、市民化机制、有序转移机制、运行保障机制为主要内容的农村转移人口离农机制。

第六章为中国农村转移人口的自愿退农机制。本部分首先辨析了农村转移人口自愿退农的内涵，并结合实地调研对农村转移人口持有农地的用途、退出农地的条件、回流农村的动因进行了系统分析，据此对农村转移人口农地退出进行了基本判断，继而从转变保障思维、健全补偿机制、瞄准重点人群等方面提出了相关政策建议。

第七章为中国农村转移人口的市民化机制。本部分首先对农村转移人口市民化的客观必然性、对象选择性、内涵多元性进行了解读，并结合实地调研对农村转移人口的社会联系度、社会认同度、市民化意愿、市民化顾虑、市民化影响因素进行了系统分析，继而从社会融合机制、成本分担机制、综合配套机制等方面提出了相关政策建议。

第八章为中国农村转移人口的有序转移机制。本部分运用时空地理学方法，结合实地调研分析了农村转移人口外出务工的时空路径，并在廓清农村转移人口空间布局的基础上，提出了优化农村转移人口去向的基本思路。

第九章为中国农村转移人口离农的运行保障机制。本部分分别从中央政府、人口输入地政府、人口输出地政府、用工企业等层面完善了离农主体激励机制；从提高供需平衡性、动态延续性、结构互补性等角度完善了离农政策协调机制；从健全绩效评价主体、廓清绩效评价标准、完善绩效评价内容等方面完善了离农绩效评价机制；从防止传递失真、强化执行力度、创新监管手段等环节完善了离农执行监督机制。

四　拟解决的关键问题

为更好地透视中国农村转移人口离农现状、创新中国农村转移人口离农机制，本书重点解决以下关键问题。一是农村转移人口的一般性规律辨识。本书立足于国内历史回顾与国外经验借鉴，辨析农村转移人口在规模、结构、方向、方式上的一般性规律，为构建相关离农机制提供理论基础。二是农村转移人口离农机制的整体设计。本书结合经济社会发展对农村转移人口的要求，归纳离农机制建构的必要性、可行性与紧迫性，并从自愿退农机制、市民化机制、有序流动机制、运行保障机制四方面进行制度设计与政策调整。三是农村转移人口有序流动的路径分析。如何在促进农村转移人口有序转移的路径之间建立联系，以形成一个有机整体，从而使各路径既充分发挥作用，又能够形成合力是本书要解决的又一个重点问题。

第三节　研究方法与价值

一　研究方法

（一）综合分析与典型个案分析相结合

本书对国内外农村转移人口离农现状进行综合分析，总结中国现有农村转移人口离农的制度不足与体制弊端；以个案调查方法对不同发展水平的农村社区进行研究。村落是农村社区完整的单位，个案研究有利于全面、深入地了解农村转移人口的离农特点，从而有助于辨识农村转移人口离农的一般规律。

（二）实证分析与规范分析相结合

本书使用的田野调查方法包括以下几个。一是观察法。通过参与式观察法，了解农村转移人口离农的心理变化过程。二是访谈法。主要以电话访谈和实地访谈来了解不同区域农村转移人口离农的基本现状和发展趋势，分析不同社会群体的心理感知。三是问卷法。运用调查问卷表收集关于农村转移人口离农的需求偏好、市场经济制度下政府应履行何种职能及如何履行职能的资料。同时，从理论上对各项农村转移人口离农措施进行规范分析与阐释。

（三）历史与现实相结合

基于文献梳理与实地调查，大量收集权威、全面、第一手的统计资料，在追寻历史发展轨迹的基础上，力图总结农村转移人口离农的一般规律，并与现实相结合，提出有针对性的政策调整意见。

（四）比较分析法

比较分析法又称对比分析法，是指将两个或两个以上的可比数据进行比较，以期揭示可比数据之间的规律性。考虑到对农村转移人口离农的研究要通过调查取证获取第一手实际资料，本研究进行了大规模实地调研活动，以期真实认知农村转移人口离农现状。

1. 调查准备与样本选择

本书从经济学、地理学、社会学、管理学的视角出发，设计了《农村转移人口离农调查问卷》及相关访谈提纲。为保证调查的科学性和准确性，本调查借鉴了社会学方法，招聘在校大学生，让他们利用春节假期回乡进行实地调查，选择的调查对象大多是与调查员关系密切并了解情况的家属、邻居、亲戚、朋友或者彼此之间建立了信任感的村民，由此能够取得比较真实的数据与资料，克服外部人虚假信息和隐瞒信息的问题。本调查立足于劳务输入大省河南省，在全省范围内共选择17地（市）、62县（区、县级市）、145乡（镇）、196村为调查地点，以村落为基础，以不同类型农村转移人口为调查对象，通过随机问卷调查、田野访谈等调研工具共完成556份有效样本问卷（见表1-1），并分别获取大量县乡干部访谈、村民小组访谈和村落概况等资料。

表1-1 调查样本区域分布

地级市	样本县数量（个）	样本乡数量（个）	样本村数量（个）	样本人口数量（人）
信 阳 市	10	52	77	248
安 阳 市	4	9	10	27
濮 阳 市	4	7	8	21
鹤 壁 市	1	1	1	5
新 乡 市	4	4	4	20
洛 阳 市	3	5	6	18
开 封 市	3	5	9	22
焦 作 市	2	2	3	10
三门峡市	1	1	2	3

续表

地级市	样本县数量(个)	样本乡数量(个)	样本村数量(个)	样本人口数量(人)
郑州市	1	1	1	4
许昌市	2	4	5	16
平顶山市	2	5	6	17
商丘市	7	8	12	28
周口市	5	11	13	39
漯河市	2	2	3	9
南阳市	6	15	17	29
驻马店市	5	13	19	40

2. 样本基本信息

在全部556名调查对象中,男性424人,女性132人,从年龄分布看,30岁以下、30岁至39岁、40岁至49岁、50岁及以上分别占32.9%、18%、37.2%、11.9%;从文化程度看,具有小学及以下文化程度、初中文化程度、高中或中专文化程度、大专以上文化程度的分别占28.1%、52%、13.4%、6.5%;从婚姻状况看,处于已婚、未婚、其他的分别占75.5%、21.8%、2.7%;从家庭生活水平看,与本村对比,大多样本群体处于中等水平,占53.2%,处于中等以下水平、中等以上水平的分别占25%、21.8%;从外出务工年限看,外出务工5年以下、5~9年、10~14年、15年及以上的分别占19.2%、26.8%、18%、36%(见表1-2)。

表1-2　调查样本的特征分布状况

单位:人,%

特征	分类指标	频数	比例	特征	分类指标	频数	比例
性别	男	424	76.3	年龄	30岁以下	183	32.9
	女	132	23.7		30~39岁	100	18
外出务工年限	5年以下	107	19.2		40~49岁	207	37.2
	5~9年	149	26.8		50岁及以上	66	11.9
	10~14年	100	18	婚姻状况	已婚	420	75.5
	15年及以上	200	36		未婚	121	21.8
文化程度	小学及以下	156	28.1		其他	15	2.7
	初中	289	52	家庭生活水平	中等以下	139	25
	高中或中专	75	13.4		中等	296	53.2
	大专及以上	36	6.5		中等以上	121	21.8

二 研究价值

（一）理论与学术价值

本书力图廓清农村转移人口与当前中国经济社会发展之间的相互关系，阐释农村转移人口的规模、结构、方向、方式对国民经济社会发展的影响，识别农村转移人口离农机制设计的必要性、可行性及紧迫性，构建农村转移人口离农的新的分析框架，提高农村转移人口效率，这对于丰富城镇化理论和发展经济学理论、农业经济学理论等均具有重要意义。

（二）实践与政策价值

现行农村人口转移的自愿退农机制、市民化机制、有序流动机制、运行保障机制难以充分发挥制度功能。本书拟在重新检视农村转移人口现状的基础上，为建立和完善中国农村转移人口离农机制提供新的路径选择，为政府制定相关政策提供决策参考。

第二章 农村转移人口离农的
理论基础与实践内核

第一节 核心概念界定

一 农村劳动力与农村剩余劳动力

理论界存在对农业劳动力与农村劳动力的区分。陈吉元等认为,农业劳动力是指从事农业生产活动的劳动力,也就是农业领域的就业人口。广义的农业劳动力是指从事农、林、牧、渔业的劳动力;狭义的农业劳动力专指从事种植业的劳动力[①]。而农村劳动力不仅包括农业劳动力,还包括非农业劳动力。申鹏从户籍身份角度界定了农村劳动力的概念,将其界定为处于15~64岁年龄段、具有劳动能力且户籍所在地为农村地区的人口,既包括从事广义农业的农村劳动力,也包括从事农村第二、第三产业及在本乡镇外务工的劳动力,但不包括其中的在校学生、服兵役人员以及因身体原因不能劳动的人等[②]。简言之,农业劳动力主要是产业概念,而农村劳动力则是范围更为广泛的区域概念。大体而言,农村劳动力是指户籍所在地为农村社区的乡村人口中年龄在16岁以上、经常参加集体经济组织(包括乡镇企业、事业单位)和家庭副业劳务活动的劳动力。

从就业角度看,农村劳动力又可划分为农村必要劳动力与农村剩余劳动力。农村必要劳动力相对较为明确,是指为保证粮食安全与农产品有效

[①] 陈吉元等:《论中国农业剩余劳动力转移——农业现代化的必由之路》,经济管理出版社,1990。

[②] 申鹏:《农村劳动力转移的制度创新》,社会科学文献出版社,2012,第22页。

供给，在现有生产力水平下，生产安全数量的农产品所需要的农村劳动力[①]。但是，国内外学者对于农村剩余劳动力概念的界定存在不同意见。刘易斯首先提出"边际劳动力生产率为零或负数的劳动力为剩余劳动力"这一经典定义，他以边际流动生产力为标准来衡量农村劳动力的剩余程度。拉尼斯、费景汉将边际生产率为零的劳动力称为剩余劳动力，同时将边际生产率小于边际产出或不变制度工资（相对于生存收入）但大于零的劳动力称为过剩劳动力或隐蔽失业劳动力。乔根森否认农业部门存在边际生产率为零的剩余劳动，假设农业产出只是劳动的函数，劳动力从农业部门向工业部门转移的基础是农业剩余的存在。当人均粮食供给率大于最大人口增长率时就会产生农业剩余。侯鸿翔等认为，剩余劳动力是生产过程中生产资料与劳动力构成失衡，劳动力供给超过由生产技术条件所决定的生产资料对劳动力的需求而出现的低效用或负效用现象[②]。谌新民将农村剩余劳动力界定为在农村传统部门中存在的超过实际生产需求的那部分劳动力，实际生产需要的劳动力数量取决于当时的区域农业生产技术条件[③]。程名望认为农村剩余劳动力就是在农村传统部门中存在的超过实际生产需求的劳动力，即隐蔽性失业及实际工资低于制度工资的那部分劳动力。具体表述为：在一定时期、一定农业生产技术条件下，特定区域内从事农业生产的劳动者所能提供的劳动数量（潜在劳动供给能力）与农业生产实际需要的最低劳动投入之间的差额[④]。需要指出的是，农村剩余劳动力既是农村劳动力的主要组成部分，也是农村转移人口的主流群体。目前关于中国有多少农村剩余劳动力的争论不绝于耳。不同专家在不同时期的测算结果显示：中国农村剩余劳动力在 1986 年数量为 1.14 亿~1.52 亿人[⑤]；

[①] 黄建强、郭宗萱：《农村必要劳动力与劳动力转移问题研究》，《江西社会科学》2011 年第 7 期。

[②] 侯鸿翔、王媛、樊茂勇：《中国农村隐性失业问题研究》，《中国农村观察》2000 年第 5 期。

[③] 谌新民：《农村剩余劳动力外出就业风险：预警与公共政策选择》，人民出版社，2012，第 6 页。

[④] 程名望：《中国农村剩余劳动力转移：机理、动因与障碍——一个理论框架与实证分析》，同济大学出版社，2012。

[⑤] Taylor, J. R., "Rural Employment Trends and the Legacy of Surplus Labor, 1978 – 1986," *The China Quarterly*, 11 (6), 1988: 736 – 766.

1991 年数量是 1. 33 亿人[①]；1995 年数量是 1. 19 亿人[②]；21 世纪初期，数量是 4600 万人左右[③]；2005 年数量约是 0. 25 亿 ~ 1. 06 亿人[④]；2006 年数量是 1. 1 亿人[⑤]；2011 年数量是 852 万人[⑥]。

二 农村转移劳动力与农村转移人口

学界对于农村劳动力转移的概念与内涵已经展开大量研究。其中，罗明忠的观点具有一定的代表性，他认为农村劳动力转移主要是指在经济发展过程中，农业劳动力向非农产业、农村居民向城镇居民转换的过程。更多地是指一个国家或地区在走向工业化、城镇化和现代化的过程中，由于生产力提高，特别是农业生产效率提高，会出现农业劳动力过剩现象，这部分从农业中分离出来的劳动力需要在非农产业及城镇获得工作岗位，此过程称为"转移"[⑦]。目前，学界基本达成一定共识，即农村劳动力转移是一种社会化行为与主观性行为，包括双重内涵：一是就业层面，从农业向工业、服务业的产业转移；二是居住层面，由传统乡村到现代城镇的空间转移。

此外，还有学者对农村劳动力转移、农村劳动力迁移和农村劳动力流动之间的关系进行了深入剖析。根据申鹏的定义，农村劳动力转移是指农村劳动力户口性质、工作地点以及所从事的产业都发生改变。具体而言，是指农村劳动力从农民身份转变为城市居民身份，从农村到城市、从传统农业生产到现代产业生产、从传统部门到现代部门的彻底转移，而由于婚姻关系缔结引起地域变动的，以及由于升学、参军或其他原因离开农村

---

① Rawski, T. G. and Mead, R. W., "On the Trail of China's Phantom Farmers," *World Development*, 26 (5), 1998：767 – 781.

② Bhattacharyya, A. and Parker, E., "Labor Productivity and Migration in Chinese Agriculture：A Stochastic Frontier Approach," *China Economic Review*, 10 (2), 1999：59 – 74.

③ 王俭贵、丁守海：《中国究竟还有多少农村剩余劳动力》，《中国社会科学》2005 年第 5 期。

④ 蔡昉、王美艳：《农村劳动力剩余及其相关事实的重新考察》，《中国农村经济》2007 年第 10 期。

⑤ 马晓河、马建蕾：《中国农村劳动力到底剩余多少》，《中国农村经济》2007 年第 12 期。

⑥ 张兴华：《中国农村剩余劳动力的重新估算》，《中国农村经济》2013 年第 8 期。

⑦ 罗明忠：《农村劳动力转移：决策、约束与突破——"三重"约束的理论范式及其实证分析》，中国劳动社会保障出版社，2008，第 4 页。

的，不能算作农村劳动力转移。农村劳动力迁移是指农村劳动力由于户口所在地点和工作地点发生改变，户口性质可能发生变化。如伴随户籍变更和就业地点变更，农村劳动力迁移到另一农村地区就业和生活，由于婚姻关系而引起的地域变化，以及由于考学、参军等原因离开农村，都属于农村劳动力迁移的情况。农村劳动力流动是指不发生户口变动，不发生户口所在地变化，更不发生性质上变化，即农村户口与城镇户口不发生交叉变化，农民身份没有改变①。

农村转移人口专指特定人群。现有研究多将农村转移人口与农村转移劳动力视为等同。按照转移方式不同，农村转移劳动力可分为两大基本类别。一是制度性转移劳动力，即通过制度性转移方式转移到城市就业的农村转移劳动力。此类群体在制度上得到了城市的认同和接纳，不仅工作岗位在城市，经济收入来源于非农产业，而且跨越了城乡户籍制度限制，发生了户籍身份转变，享受到了与城市居民相同的所有权利和义务，主要包括农村户籍的大学毕业生、到城镇经商创业定居的企业主（户籍已转入当地城镇）、城中村居民、当兵解决户籍和工作的其他类别。二是经济性转移劳动力，即通过经济性转移方式转移到城市就业的农村转移劳动力。此类群体转移进城后，在非农产业就业，可以获得城市非农收入，通常可以部分享受公共服务和社会福利。同时，农村户籍保持不变，继续拥有农村土地经营权，依然享有农业补贴、征地拆迁补助等与农村户籍挂钩的收入，享有农民的一切权利和义务。此类群体通常就业不太稳定，工作岗位变动频繁，随时可能返回农村务农或创业。发生经济性转移的劳动力主要是农民工、城市小商小贩与其他流动人口等。在中国农村转移劳动力中，经济性转移劳动力是主体，不仅总体人数最多，而且地域行业分布最广②。本书认为，农村转移人口与农村转移劳动力应有所区别，前者范围更加广泛。农村转移人口不仅包括农村成年且有劳动能力的转移人口，还应包括老弱妇孺等非劳动力转移人口。

结合已有研究，本书认为，借助于改革开放不断深化与市场经济体制不断健全，原居住于农村的部分农业人口，尤其是剩余劳动力，积极向农

---

① 申鹏：《农村劳动力转移的制度创新》，社会科学文献出版社，2012，第25~26页。

② 杨松：《论中国农村劳动力转移——基于户籍歧视视角》，博士学位论文，中共中央党校，2011。

业系统与农村区域以外的行业与地域转移，实现城镇非农就业，成为农村转移人口。

三 农村转移人口离农与农村转移人口离农机制

农村转移人口离农所针对的是当前农村转移人口"移而不离"的问题，即以农民工为主体的农村转移人口的职业与身份长期处于非同步转换状态。当前，学术界对于农村转移人口离农的研究仍处于起步阶段。在极为有限的研究文献中，仅有陈浩较为明确地将农户离农定义为农户愿意持久流转出土地经营权并完全退出农业领域，具体形式包括农地非农征用或长期转租等[①]。此外，邓曲恒等指出，从农村永久性迁移到城镇定居的渠道主要有四种：教育、参军、土地征用以及购房[②]。已有研究中，与农村转移人口离农最相近的概念是农民退出。其中，简新华等的研究较有代表性，认为农民退出包括两方面内容（见图 2-1）：一是从生产经营方式看，农民从农业生产领域退出，进入非农业生产领域，退出后的人口依据原来的分配制度所获得的农业生产性资源（使用权）顺利让渡给仍然滞留在农业生产领域的人口；二是从生活空间看，随着生产经营的内容和方式变化，农民顺利从农村转移至城镇，从农民转变为市（镇）民[③]。

关于农村转移人口的离农依据，目前理论界主要有两种观点。一是社会学角度的公平公义论。推动农村转移人口市民化，改变其模糊身份与尴尬处境，赋予其应有的"城市主体"地位，并通过公共服务均等化使其平等地享受合法权益，继而促进社会和谐发展[④]。二是经济学角度的资源配置论。农村转移人口的基本机理便是市场经济的资源配置原理[⑤]。农村人口在转移初始所表现的非农就业，即职业转换，实质是产业间生产要素调

[①] 陈浩：《非农职业因素对农户兼业结构及其离农意愿的影响》，《南京农业大学学报》（社会科学版）2013 年第 1 期。

[②] 邓曲恒、古斯塔夫森：《中国的永久移民》，《经济研究》2007 年第 4 期。

[③] 简新华、黄锟：《中国工业化和城市化过程中的农民工问题研究》，人民出版社，2008。

[④] 国务院发展研究中心课题组：《农民工市民化：制度创新与顶层政策设计》，中国发展出版社，2011，第 10 页。

[⑤] 程名望：《中国农村剩余劳动力转移：机理、动因与障碍——一个理论框架与实证分析》，同济大学出版社，2012，第 254~256 页。

整，仅侧重于人力资源配置；时至今日，人们所强调的迁移城镇，即身份转换，则是在更宽泛领域内聚焦于社会资源整体配置。农村转移人口"移而不离"，既造成农村土地等物力资源的闲置与浪费，又阻碍城市财力、技术、空间等资源的有效利用，不利于推进城乡一体化与破解"三农"难题。立足于"四化"同步发展与全面深化改革的大背景，为给国家发展战略调整创造条件，农村转移人口"离农"势在必行。概括而言，"离农"与"转移"最大的区别在于离开农业领域与农村地区的彻底性。"离农"的主体是离农农民，是指从业和收入不依赖农业的农民，主要包括从事非农劳动的务工经商、升学参军等离开农业生产的农民群体[①]，还包括伴随家庭迁移的老弱妇孺等追随型家庭成员。本书所指的离农群体，是指那些就业和收入已经不再依赖农业，从农村转移出来主要从事非农生产经营活动，并定居城镇完成市民化过程的群体。

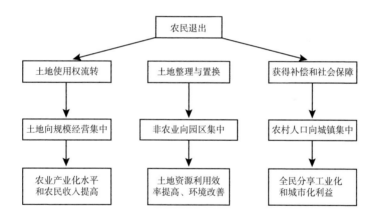

图 2-1 农村人口退出机制的核心内容

资料来源：简新华、黄锟：《中国工业化和城市化过程中的农民工问题研究》，人民出版社，2008。

农村转移人口离农机制是本书的研究主题，同时也是目前理论界的研究空白。截至目前，与之最相近的概念是农民退出机制。简新华等认为农民退出机制的核心内容是建立土地流转制度，其必须通过制度创新来予以

---

① 张学敏：《离农分化、效用差序与承包地退出——基于豫、湘、渝886户农户调查的实证分析》，《农业技术与经济》2013年第5期。

建立，至少应该在农地使用管理制度、农村退出人口社会保险上进行制度创新，并努力营造退出农民在城镇生存和发展的合适环境[①]。郑兴民在此基础上，提出农民退出机制是农村劳动力顺利实现转移并走向市民化的各种制度及相互作用机理的总和，其核心内容是能够促进土地承包经营权良性退出的利益补偿机制[②]。结合已有研究，本书认为农村转移人口离农机制，是指以政策为主导，以自愿退农机制、市民化机制、有序迁移机制、运行保障机制为主体的推动农村转移人口彻底离开农业领域与农村区域，且有序迁移到城镇就业与居住，并享有与城镇居民平等权利与义务的一系列制度及相互作用机理的总和。

第二节 农村转移人口离农的理论基础

一 国外研究回顾

农村劳动力长期是国际理论界的研究焦点。在劳动经济学、发展经济学、农业经济学、区域经济学等领域中，很多理论模型试图解释劳动力流动或转移的原因与机理。

（一）刘易斯—拉尼斯—费景汉模型

诺贝尔经济学奖得主、古典经济学家刘易斯（W. A. Lewis）率先提出了农村剩余劳动力概念，认为若从传统农业生产部门抽出部分劳动力并未导致农业总产量降低，则该部分劳动力为农村剩余劳动力，从技术层次上分析，即指边际生产力为零的那部分劳动力[③]。刘易斯依据二元经济结构思想，将劳动力要素从传统农业部门向现代工业部门的流动转移置于研究经济发展的核心环节，提出研究经济发展问题的相关分析框架，后来拉尼斯和费景汉（Fei C. H. & Rains G. A.）[④]对其加以扩展。该理论认为，在

---

① 简新华、黄锟：《中国工业化和城市化过程中的农民工问题研究》，人民出版社，2008。
② 郑兴民：《中国城镇化进程中的农民退出机制研究》，人民出版社，2012，第37页。
③ Lewis, W. A., Economic Development with Unlimited Supply of Labor (Ph. D. diss., The Manchester School, 1954).
④ Fei, C. H., Rains, G. A., "Theory of Economic Development," *American Economic Review*, 1961 (9): 321 – 341.

经济发展第一个阶段，由于传统农业部门存在大量剩余劳动力，在农业总产出不变的条件下，现代工业部门面临一条具有完全弹性的劳动力供给曲线，可以以固定的工资水平从传统农业部门获取任何数量的劳动力。当农业部门剩余劳动力转移完毕后，经济开始进入隐蔽失业阶段，此时由于劳动力变成稀缺资源，工业部门不得不随着劳动力供求情况来调整工资水平，以争取劳动力。随着经济继续发展，隐蔽性失业劳动力也从传统部门全部转移出去，导致农业总产出和农业剩余迅速下降，农业部门开始积极争取劳动力，因而工业部门面临的劳动力供给曲线斜率开始上升进而趋于正常，此时就到了工业全面支持农业并推动农业技术进步的"转折点"，经济发展进入第三个阶段。刘易斯—拉尼斯—费景汉模型重视传统农业部门和现代工业部门的结构性差异，将劳动力转移流动与经济发展有机结合，揭示了剩余劳动力从农业部门逐步向工业部门转移的整体发展趋势，符合大多数面临较大人口压力、二元结构突出的发展中国家的经济发展实践。

（二）乔根森模型

乔根森（D. W. Jorgenson）放弃了农业部门中存在边际生产力为零的剩余劳动力以及固定工资水平的假设，更加强调技术进步对推动农村劳动力转移和经济发展的关键作用，且将人口增长内生化[1]。该理论可概括为：一是农业人口，包括农业劳动力，向非农部门转移的根本原因在于消费结构变化，转移是消费需求拉动的结果；二是农业人口向工业部门转移的基础是农业剩余而非边际生产率为零或虽然大于零但小于实际收入的劳动力的存在；三是农业剩余是指农业部门产品的增长快于人口增长，即人均粮食供给增长率大于人口增长率；四是在农业人口向城镇工业部门转移过程中，工资水平并非固定，而是不断上升[2]。较之刘易斯—拉尼斯—费景汉模型，乔根森模型从人口内生和消费结构的角度解释了劳动力转移动因，进一步推进了结构主义方法对劳动力转移问题的研究。

（三）托达罗模型

托达罗模型由美国经济学家托达罗（Todaro M. P. A.）在 20 世纪 60

---

[1] D. W. Jorgenson, "The Development of a Dual Economy," *Economic Journal*, 1961 (23): 191 – 211.

[2] 李德洗：《农村劳动力转移的经济学分析》，硕士学位论文，河南农业大学，2004。

年代末至 70 年代初创立。该模型从农村劳动力对于城乡收入差异预期以及在城市中得到工作的概率角度出发，探讨农村闲置劳动力离农转移动因。该理论假设农村劳动力市场具有完全竞争性，城市中存在自由进入的非正规部门，充当农村劳动力转入城市就业的缓冲地带，农村转移人口很少能够直接进入工资水平较高的城市正规部门，而是大多进入低工资、不稳定、就业环境差的非正规部门，但农村劳动力做出转移决策是对未来城乡收入差距与就业概率的心理反应[1]。此模型较符合发展中国家农村劳动力市场的真实状况，因此在关于劳动力转移的研究中长期居于核心地位。

（四）人力资本迁移模型

20 世纪 60 年代初期，理论界开始将人力资本投资与农村劳动力转移决策相结合进行分析，以舒尔茨（Schultz）、思加斯塔（Sjaastad）、贝克尔（Becker）等为代表的诸多学者提出迁移的人力资本投资模型。该理论认为，劳动力迁移过程是一个自然选择的过程，是一种人力资本投资方式，受过良好教育、具有较高综合素质或特殊技能的青年劳动力总是最先迁移，迁移是人力资本的函数。在农户家庭决策中，往往人力资本禀赋较高的青年劳动力最先被决定迁出，这是农户出于保证家庭收入最大化和规避农业经营风险而做出的理性选择。根据人力资本迁移理论，持续的劳动力迁移将导致农村或迁出地人力资本流失，加强城市或迁入地人力资本积累，使前者经济增长放慢、后者经济增长加快，从而使两者经济发展水平差距和收入差距扩大，会进一步强化迁移的条件和动力。若不加强农村教育，势必会导致农村凋零。据此，要重视改造传统农业，特别是要开发人力资本。教育是人力资本开发中的最主要形式，可为农民在农业综合开发中的广泛就业开辟多种途径[2]。

（五）新劳动力迁移经济学模型

自 20 世纪 80 年代起，由斯塔克（Stark）、泰勒（Taylor）等人提出的新劳动力迁移经济学得到广泛发展。该理论模型认为，做出转移决策的并非是迁移者个人而是整个家庭，人们在做转移决策时要考虑许多因素，不仅是工资差异。影响劳动力转移的因素不仅有收入差距，还有农

---

① Todaro, M. P. A., "Model of Labor Migration and Urban Unemployment in Less Developed Countries," *American Economics Review*, 1969（87）：138 – 148.

② 张宁俊：《统筹城乡：促进农村劳动力合理有序转移》，《财经科学》2008 年第 12 期。

村家庭相对贫困度、家庭生产面临的风险等因素。处于社区收入层次底端的劳动力家庭，往往希望通过转移来提高家庭生活水平进而提高相对经济地位，因此相对贫困度越高或者相对失落感越大，其转移动机就越强。影响农村家庭转移的因素还有家庭所面临的收入风险、信贷约束等。例如，发展中国家农村家庭农业生产所面临的自然灾害和农产品市场价格波动等系列外部冲击，以及家庭农场采用新技术面临的风险，均能促使农村家庭将其劳动力资源在不同地理位置和工作行业之间进行合理配置，以规避家庭经营风险，提高收入稳定性[1]。总体看，新劳动力迁移经济学较好体现了农村家庭生产经营与相对经济地位对离农转移决策形成的重要影响。

（六）推拉模型

推拉模型是解释农村劳动力转移的经典模型，由 D. J. Burge[2] 在 E. G. Ravenstein 与 R. Iterberle 的研究基础上创建并不断完善。该理论认为人口迁移是由包括推力与拉力在内的一系列"力"引发的。此后，E. S. Lee 进一步拓展该理论，认为影响迁移的因素包括迁出地因素、迁入地因素、中间障碍因素、个人因素，并指出迁出地和迁入地都有"推"和"拉"两种因素，人口迁移发生于迁出地内推力总和大于拉力总和，且迁入地内拉力总和大于推力总和的情况[3]。其中，迁出地推力包括自然环境恶化、自然资源枯竭、农业生产效益不佳、农村劳动力严重过剩、较低经济生活水平、农业生产成本增加及其他人力不可抗拒的障碍等；迁出地拉力包括长期形成的价值观念、农村土地生产与保障功能、合家团聚的快乐、熟悉的社区环境、已经建立好的社交网络、故乡情结、饮食习惯及家族牵挂等；迁入地推力包括沦为城市边缘人、软歧视现象、家庭成员分离、工作与生活环境陌生、生活工作节奏较快、居住条件差、工作竞争环境激烈等；迁入地拉力包括就业机会较多、工资收入较高、生活水平较高、教育与医疗保障机会较好、交通条件较完善、经济文化氛围较优越、

---

① O. Stark and J. E. Taylor, "Migration Incentiver, Migration Types: The Role of Relative Deprivation," *The Economic Journal*, 101, 1991, pp. 1163 – 1178.

② D. J. Burge, *Internal Migration in The Study of Poulations: An Inventory and Appraisal*, Hauser and Duncan eds., *Genus*（Chicago: University of Chicago Press, 1959）.

③ 李强：《影响中国人口流动的推力与拉力因素分析》，《中国社会科学》2003 年第 1 期。

个人价值较好体现等。农村转移人口要坚持农村总推力与城市总拉力并重，并促使二者形成合力。

二 国内研究回顾

改革开放以来，尤其是进入 21 世纪后，农村转移人口离农问题逐渐引发国内学术界的浓厚兴趣，并获得众多的重要研究成果。其中，与本研究相关的成果如下。

(一) 农村转移人口离农的影响因素研究

农村转移人口离农的动因多元化。大量研究表明，农村劳动力转移是经济考虑、政策体制、自身特征等多因素综合作用的结果。从宏观层面看，城镇第二、第三产业从业人员的收入、生活水平与从事农业生产的差距不断扩大是农村转移人口离农的根本动力；从微观层面看，离农群体之所以向城镇转移是期待在收入、生活、文教、医疗、社会保障等方面得到有效改善[1]。而技术进步所带来的劳动需求扩张[2]以及在工作区域生活休闲时所获得的效用提升[3]也是促进农村转移人口离农的重要因素。如果从农民个体内因看，文化程度、专业技术、综合素质、家庭人口数量、家庭收入、农民性格、农民身体健康状况、农民参加政府组织就业技能培训情况均会影响农村剩余劳动力转移[4]。同样，现有土地制度、户籍制度、财产权利制度、不完善的劳动力市场、福利差异、教育医疗不平等、普遍较低的劳动力素质、城市高消费水平等均是制约农村转移人口离农的典型因素[5]。何建新等构建了农村劳动力转移数量测算体系并进一步基于 LMDI 模型对农村劳动力的影响因素进行分解，结果表明，产业结构因素及农业经济水平对农村劳动力转移具有较强推动作用，而效率因素及人口规

---

① 陈欣欣、黄祖辉：《经济发达地区就地转移劳动力向城市迁移的影响因素分析——基于浙江省农户意愿的调查分析》，《中国农村经济》2013 年第 5 期。

② 刘洪银：《技术进步影响农村劳动力转移的条件和机理》，《软科学》2011 年第 7 期。

③ 黄建强、郭宗萱：《农村必要劳动力与劳动力转移问题研究》，《江西社会科学》2011 年第 7 期。

④ 杨媛媛、周莉荔、陈思羽等：《昌吉市农村剩余劳动力转移影响因素分析》，《农村经济与科技》2013 年第 12 期。

⑤ 王新、曹玉玲：《农村劳动力非城镇化转移模式的再审视》，《经济问题探索》2010 年第 12 期。

模因素则对农村劳动力转移有一定抑制作用，即第二、第三产业发展及农业经济水平提高推动农村劳动力转移，而第二、第三产业效率提高及农村劳动力规模不断减少则抑制农村人口向外转移[①]。此外，面对公共产品的边缘人角色与失范的利益表达等也是农村转移人口市民化所面临的困境[②]。

促进广大离农群体顺利转移进城，既需要继续扩大其促进因素的影响效果，也需要不断减少或消除阻碍其转移的影响因素，从而形成合力。程名望等认为城镇拉力已经成为中国农村劳动力转移的根本动力与必要途径，必须强化转移到城镇的拉力因素建设，特别是要在户籍制度、子女教育、就业机会、社会融合等方面消除歧视，提供城镇医疗、失业保险、养老保险、住房保障等社会保障，建立完善的农民工劳动力市场等[③]。此外，还有学者提出要加强农村转移人口再就业培训以提高其就业技能，完善城市住房供给制度以解决转移人口住房安居问题等，从而有效消除离农转移障碍，强化其离农的能力与动力[④]。

（二）农村转移人口离农的行为意愿研究

农村转移人口的行为多样化，存在诸多表现形式与心理感知因素，深刻影响其行为决策，这也成为很多学者一直致力于研究的领域。

1. 参与再就业培训意愿

实践表明，有效提高新生代农民工职业技能培训的参与水平和就业能力是持续推动农村剩余劳动力转移所需面对的重要课题。问卷调查数据表明，绝大多数农民工愿意参与各类职业技能培训，其中家乡政府举办并负责费用的正规培训和企业入职前培训最受欢迎[⑤]，影响农民工参与职业技能培训的因素主要有年龄、打工年限、受教育程度、月收入、有无培训经历、培训

---

① 何建新、舒宏应、田云：《我国农村劳动力转移数量测算及影响因素分解研究》，《中国人口·资源与环境》2011 年第 12 期。
② 汤云龙：《农民工市民化：现实困境与权益实现》，《上海财经大学学报》2011 年第 5 期。
③ 程名望、史清华、刘晓峰：《中国农村劳动力转移：从推到拉的嬗变》，《浙江大学学报》（人文社会科学版）2005 年第 6 期。
④ 顾海英：《新农村建设过程中农村剩余劳动力有效转移的途径和对策》，《社会科学》2006 年第 7 期。
⑤ 申晓梅、刘涛：《失业返乡农民工就业意愿调研及其对策思考——基于对四川省几个主要劳务输出地返乡务工农民就业意愿的问卷访谈》，《农村经济》2010 年第 3 期。

体系与费用分摊机制是否完善等[1]。其中，新生代农民工群体由于自我追求较高、外出打工的目的性较强而具有较高的参与技能培训意愿[2]。

2. 回乡及创业意愿

大规模农村转移人口面临着留城定居与回流返乡两条基本走向，诸多因素影响其最终决策。研究表明，个体因素对农民工回流意愿有着重要影响，包括年龄、学历、务工月收入与务工时间、城市生活感受、务工体验等因素。此外，城市工作稳定性、留守家庭人口结构、流出地非农产业发展状况、返乡创业预期收益等因素也影响农村转移人口的回流意愿[3]。在返乡创业方面，石智雷等的研究表明，家庭经济状况、返乡农民工的文化程度、个人信仰和生产积极性对返乡农民工家庭的创业行为有着显著影响；而那些有着共产主义信仰、外出务工时从事加工制造业和个体经营、参加过技能培训、交际能力强的返乡农民工创业意愿更强[4]。朱红根则强调，基础设施条件、国家经济形势、创业投资环境、农民工就业形势等对农民工返乡创业意愿有显著影响[5]。熊智伟的实证研究发现，中国农民工创业正处于生存型创业和机会型创业并立状态，并有逐步向机会型创业过渡的趋势，农民工在形成创业意愿时更加重视家庭成员意见[6]。此外，张利斌等指出，返乡农民工对政府总体支持力度的满意度越高，其返乡创业意愿就越强烈[7]，表明政府支持是农民工返乡创业的重要推动因素。

---

① 黄德林、陈永杰：《农民工职业技能培训意愿及影响机理研究——基于武汉市、厦门市、沧州市的实证调查》，《中国软科学》2014 年第 3 期。

② 赵艺文、梁倩倩、李珊：《新生代农民工职业培训意愿的影响因素研究》，《法制与社会》2013 年第 5 期。

③ 石川、杨锦秀、杨启智等：《外出农民工回乡意愿影响因素分析——以四川省为例》，《农业技术经济》2008 年第 3 期；叶静怡、李晨乐：《人力资本、非农产业与农民工返乡意愿——基于北京市农民工样本的研究》，《经济学动态》2011 年第 9 期。

④ 石智雷、谭宇、吴海涛：《返乡农民工创业行为与创业意愿分析》，《中国农村观察》2010 年第 5 期。

⑤ 朱红根：《外部环境与农民工返乡创业意愿关系的实证分析——基于江西省 1145 个农民工样本调查数据》，《经济问题探索》2011 年第 6 期。

⑥ 熊智伟、王征兵：《农民工返乡创业意愿影响因素实证研究——基于江西省 262 名返乡创业农民工的调查数据》，《统计与信息论坛》2011 年第 11 期。

⑦ 张利斌、刘龙飞、涂慧：《政策支持对民族地区返乡农民工创业意愿影响的实证分析》，《中南民族大学学报》（自然科学版）2013 年第 3 期。

3. 留城定居意愿

农村转移人口的年龄、婚姻状况、受教育年限、职业稳定性、月基本收入、消费水平、居住状况、老家与务工城市距离、农村土地状况以及生活稳定感、城市融入感、社会保障条件等对其城市定居意愿具有重要的解释作用[1]。同时，研究发现，农民工的定居意愿及其影响因素存在代际差异，主要表现在社会和心理因素上。新生代农民工更倾向于在城市定居[2]，而且更能容忍较低的初衷达成度，但对公平有着更高诉求[3]。

4. 永久性迁移意愿

一般观点认为，农民工选择是否在城市定居是一个基于教育水平的正向自我选择过程，对于愿意迁移的农民，进城机会、工作收益、城乡预期生活收益、城乡教育收益是其主要推力因素[4]。简言之，规避风险并寻求家庭总收入最大化成为农民工城乡迁移行为决策的逻辑基础，是否向城镇迁移需要农民对迁移进城的机会、风险、挑战、机遇、成本和收益进行权衡[5]。

（三）农村转移人口离农与新型城镇化的关系研究

众多学者从不同视角分别分析了农村人口向城镇转移的影响因素，一般认为户籍管理、土地、社会保障、城镇住房、就业、教育等制度因素是农村转移人口的关键制约因素。其中，二元户籍制度阻碍农村转移人口在

---

[1] 李强、龙文进：《农民工留城与返乡意愿的影响因素分析》，《中国农村经济》2009 年第 2 期；黄嘉文：《农民工入户意愿及其影响因素研究——基于 2009 年广东省农民工调查数据分析》，《人口与经济》2012 年第 2 期；戚迪明、张广胜：《农民工流动与城市定居意愿分析——基于沈阳市农民工的调查》，《农业技术经济》2012 年第 4 期；景晓芬、马凤鸣：《生命历程视角下农民工留城与返乡意愿研究——基于重庆和珠三角地区的调查》，《人口与经济》2012 年第 3 期。

[2] 张笑秋、陆自荣：《行为视角下新生代农民工定居城市意愿的影响因素分析——基于湖南省的调查数据》，《西北人口》2013 年第 5 期。

[3] 钱文荣、李宝值：《初衷达成度、公平感知度对农民工留城意愿的影响及其代际差异——基于长江三角洲 16 城市的调研数据》，《管理世界》2013 年第 9 期。

[4] 熊波、石人炳：《农民工永久性迁移意愿影响因素分析：以理性选择理论为视角》，《人口与发展》2009 年第 2 期；续田曾：《农民工定居性迁移的意愿分析——基于北京地区的实证研究》，《经济科学》2010 年第 3 期。

[5] 陈会广、陈昊、刘忠原：《土地权益在农民工城乡迁移意愿影响中的作用显化——基于推拉理论的分析》，《南京农业大学学报》（社会科学版）2012 年第 1 期。

城镇长期定居和消费，成为城镇化进程中的最大障碍。同时，缺乏产业聚集效应、城镇就业空间不足、农民转移成本高涨等也在一定程度上延缓了城镇化进程。此外，从发展趋势看，中国"人口红利"期已经步入尾声，农村剩余劳动力大幅度减少，劳动力市场趋紧，工资水平不断上升，意味着供给扩张将成为未来城镇化的新瓶颈。

关于中国农村人口转移与城镇化间关系的研究大致可分为两个阶段：第一阶段（20世纪80年代至90年代中期）以农村人口短距离迁移为主，形成了以小城镇为主导的农村城镇化，产生了大批以就地转移为视角的学术成果；第二阶段（20世纪90年代中期至今）以农村人口长距离迁移为主，形成了以大城市为主导的快速城镇化，出现了先以异地转移为主然后转向多重视角的丰富研究成果。中国人口城镇化具有深刻的时代背景，特指进城农民工冲破二元城乡制度限制，获得作为城市居民的身份和平等权利，融入城市社会，成为真正意义上城市市民的连续性过程，侧重于关注农民工群体在市民化过程中的身份平等、机会平等与发展公平。现阶段农村劳动力转移不仅会促进农民收入提高，为现代农业发展和农民消费提供资金，促进耕地、劳动力、技术、资金等资源合理配置，还会较大幅度降低第二、第三产业生产成本，保持产业竞争优势，促进经济增长，从而拉动城镇经济发展，助推新型城镇化进程[1]。

在农村人口向城镇转移的方向上，目前学界尚未达成共识。吴靖认为，各类城市由于受困于人口膨胀、交通拥堵、环境恶化、住房紧张、就业困难等"城市病"，加之受产业结构升级换代等影响，因此难以继续承载大量农村剩余劳动力转移就业。县城以下小城镇由于功能单一、布局分散、产业不足而缺乏聚集效应，因此也不可能成为农村剩余劳动力转移主阵地。相对而言，县城能够较好地克服各类城市和小城镇的弊端，具备成为农村转移人口重要输入地的条件[2]。傅伯仁等则认为，推进城镇化要因地制宜，在特大城市和大城市周边地区，应积极发展卫星城市，形成城市群；在山区丘陵地带，因受交通条件限制，应发展基础较好的建制镇；在

---

① 刘青：《关于农村富余劳动力转移的思考》，《农村经济》2004年第10期；武国定、方齐云、李思杰：《中国农村劳动力转移的效应分析》，《中国农村经济》2006年第4期。
② 吴靖：《多维视角下我国农村剩余劳动力转移的主体城镇形态》，《宏观经济研究》2010年第8期。

其他广大地区，应重点发展县城①。河南省社会科学院城市发展研究所课题组建议，要依照新型城镇化的空间布局，有规划、有节奏、有重点地推进农村人口向大中小城市、小城镇和新型农村社区有序转移②。

（四）农村转移人口的自愿退农研究

关于农村转移人口自愿退农的国内研究主要集中于农民的财产权益保护。具体而言，一是制度论。主要涉及建立健全土地流转管理制度、土地承包管理制度、土地收益保障制度、农村宅基地使用制度等。二是法律论。将法律保护置于农民权益保护的最为重要位置，通过法律手段来实现土地经营权、流转权、收益权"三权分立"，坚持农民土地权利"永久不变"，落实土地权益颁证制度，让农民安心拥有土地权益。三是市场论。土地是否流转、流转规模、流转对象、流转收益、流转周期、流转方式等各环节应由农户自己决定，国家仅进行宏观调控与市场监管。四是自保论。在农民权益受到侵害时，如何整合现有资源，保障农民平等参与社会经济发展的各项权利以及增加农民自身发展能力显得格外关键。据此，邓大才指出，要使农村转移人口具有自愿退农的决心，核心在于免除其后顾之忧，体现在进一步完善现有财产权益处理机制、宅基地退出机制及集体资源分配机制上③。王文苹提出为促进农民主动离农，需要构建一系列离农机制，包括离农农民的福利待遇提升保障机制、社会保障跨区域转移协调机制、农村土地权益保障和剥离机制，以及城乡资源配置流动机制和农村转移人口离农路径选择机制④。不容忽视的是，土地权益在农民工城乡迁移中起到基本社会保障的作用，土地制度改革和政策设计必须高度重视土地为农民工所提供的保障功能⑤。

此外，还有学者认为要以推进户籍制度综合配套改革为突破口，大力推进城乡公共服务均等化，并在提高农民工就业能力、强化农民工住房保

---

① 傅伯仁、李爱宗、张亮、王波：《促进农村劳动力成功转移：对五大制度的审视》，《西北农林科技大学学报》（社会科学版）2010 年第 5 期。
② 河南省社会科学院城市发展研究所课题组：《新型城镇化进程中实现农村人口有序转移研究》，《区域经济评论》2013 年第 1 期。
③ 邓大才：《关于土地承包经营权流转市场的几个重大判断》，《学术研究》2009 年第 10 期。
④ 王文苹：《论农村转移人口离农机制的构建》，《许昌学院学报》2014 年第 4 期。
⑤ 陈会广、陈昊、刘忠原：《土地权益在农民工城乡迁移意愿影响中的作用显化——基于推拉理论的分析》，《南京农业大学学报》（社会科学版）2012 年第 1 期。

障和社会保障、加强农民工土地权益保障等方面加大改革和政策支持力度，提升农民离农意愿①。同时，建立合理的土地供求机制、竞争机制、价格机制、投机机制和宏观调控机制，自发、分散、间接地调节农村土地流转，并积极探索建立合理的征地补偿和利益分享机制、农民工土地退出机制，保障进城落户农民工家庭的土地财产收益②。

（五）农村转移人口的市民化研究

中国存在户籍制度等特殊的城乡分割制度环境③，农民工无论在劳动力市场还是城镇中都处于劣势地位。据此，国内学者借鉴国外经验，立足国情，对国外迁移模型进行了必要的修改和拓展，并在近年来将研究重点转移到农村转移人口市民化方面。研究表明，农村转移人口市民化有利于释放新的"制度红利"，从而有助于提高农村劳动生产率、提高社会资源利用率、促进城市发展、增加人力资本存量、构建和谐社会等。诸多学者指出，农民工群体市民化意愿主要受个人、社会、经济特征、区域环境条件等多方面的综合影响，受制于文化程度、户籍状况、举家迁移、留城时间、参加社保情况、住房满意度、工作满意度、婚姻状况、城市居留时间等因素④。有学者专门针对规模日益壮大的新生代农民工群体的市民化意愿进行了调查研究，发现性别、月均收入、受教育水平、打工时间、务工动机、婚姻状况、社区参与情况对其市民化意愿有显著影响。同时，是否在城市购买住房、城市融入感知以及对社会身份和自我身份的认同也会显著影响新生代农民工的市民化决策⑤。此外，还有学者从政治、经济、道德、人际、家庭婚恋、职业、审美、幸福、宗教等方面对农民工价值观展开了大量富有成效的研究，并从宏观、中观、微观等角度进行了影响因素

---

① 王建平、谭金海：《农民工市民化：宏观态势、现实困境与政策重点》，《农村经济》2012年第2期。

② 河南省社会科学院城市发展研究所课题组：《新型城镇化进程中实现农村人口有序转移研究》，《区域经济评论》2013年第1期。

③ 蔡昉：《市场经济如何推进户籍制度改革》，《人口与计划生育》2003年第6期。

④ 王桂新、陈冠春、魏星：《城市农民工市民化意愿影响因素考察：以上海市为例》，《人口与发展》2010年第2期；陈前虎、杨萍萍：《农民工市民化意愿影响因素的实证研究——以浙江省为例》，《浙江工业大学学报》（社会科学版）2012年第3期。

⑤ 张丽艳、陈余婷：《新生代农民工市民化意愿的影响因素分析——基于广东省三市的调查》，《西北人口》2012年第4期；姚植夫、薛建宏：《新生代农民工市民化意愿影响因素分析》，《人口学刊》2014年第3期。

辨析[1]。简言之，农民工市民化意愿取决于农民工市民化的私人成本和私人收益，私人收益减去私人成本的净收益越大，农民工市民化意愿越强，反之越弱[2]。

（六）农村转移人口的有序流动研究

由于缺乏有效的组织、引导和规范，目前中国农村人口转移存在诸多弊端。一方面，城市正常生产生活秩序受到冲击，大量农民工涌入导致不少城市出现了人口膨胀、交通拥堵、环境恶化、住房紧张、就业困难等各类"城市病"。另一方面，农民工盲目流动也造成东部用工大省时常出现"民工潮""民工荒"等供需乱象，影响正常生产。造成上述现象的主因在于各种制度缺陷，只有通过深化改革和创新制度，扫清制约农村剩余劳动力转移的各种制度障碍，合理解决农民工市民化成本问题，才能使大多数农民顺利有效、持久稳定地实现非农化和城镇化[3]。

面对农村数量庞大的剩余劳动力，要实现有序转移且最大限度地减少行动成本，需要因地制宜地进行统筹考虑。具体而言，一部分农民就地从传统农业转向现代农业，依托土地流转等路径逐渐演变为种植大户、家庭农场主等新型农业经营主体；另一部分农民可率先转向小城镇区域，实现小城镇产业集聚，增强小城镇规模优势，提高小城镇辐射力和带动力。徐育才认为农村劳动力转移的逻辑路径可归纳为"制度创新—农村城镇化—产业升级与转移—农村剩余劳动力转移"，应采用集制度改革、城镇化建设、产业转移与发展非营利性组织为一体的"动态助推模式"，保证农村剩余劳动力转移和充分就业，实现城乡二元文明的社会融合[4]。

针对目前农村劳动力转移无序盲目的现状，有学者提出要发挥政府组织功能，对农村劳动力转移加大正式组织力度，加快城乡劳动力市场建设步伐，加强地区之间劳动力合作与交流，建立劳务输出中介组织，提高劳务输出有序化程度，实现劳动力转移的科学化、长期化、规范化、信息

① 陈昌兴：《转型期中国农民工价值观研究》，知识产权出版社，2014。
② 赵勍、张金麟：《基于私人成本与私人收益的农民工市民化意愿研究》，《华东经济管理》2012年第12期。
③ 简新华、张建伟：《从农民到农民工再到市民——中国农村剩余劳动力转移的过程和特点分析》，《中国地质大学学报》（社会科学版）2007年第6期。
④ 徐育才：《危机背景下农村剩余劳动力转移的模式与对策》，《学术研究》2010年第3期。

化；同时尽可能引导农民就地转移和就近转移，积极发展中小城市，大力推进城镇化进程，减少政策性限制，降低农民进城与农村劳动力就近转移的各种成本①。对于东南沿海发达地区时常出现的以"民工荒"为主要表现形式的农村异地就业劳动力供给不足问题，张务伟等认为应该通过发展农村要素市场、提高农村剩余劳动力转入城市生活的期望值和把农村劳动力从家庭羁绊中解放出来等措施来增加农村异地就业劳动力供给；从长期看，政策着力点应该锁定于转变经济增长方式，以相对减少对农村异地就业劳动力需求②。

（七）农村转移人口离农的运行保障研究

农村转移人口离农并非简单的市场自发行为，而是工业化、城镇化发展的自然过程，是城乡二元结构走向城乡一体化的必然过程，是推力—拉力量比消长的函数关系轨迹。这要求在发挥市场对资源配置决定性作用的同时，通过政策干预，提高农村人口转移收益，降低农村人口转移成本，进一步实现农村劳动力就业市场开放化，消除阻滞农村劳动力流动的各种制度性障碍，实现农村劳动力素质的流动性增长和优化。农村转移人口离农过程涉及城乡之间土地、劳动力、资本、技术等一系列资源的流动整合、市场构建乃至再分配，涉及农民与市民、原市民与新市民之间的利益调整，各级政府要通过政策性和市场化的多重途径，通过主体激励、政策协调、绩效评价、执行监督等方式，不断优化城乡间资源配置和流动机制，保障农村转移人口离农的正常运行。

总体看，当前学术界在农村转移人口离农方面已经全面展开专题性研究，并取得丰硕的研究成果。但是，仍存在一些有待进一步深入探讨的问题，主要集中在以下几个方面。一是城镇对农村人口的吸纳能力及利用效率有待深入研究。中国一直存在城镇化道路之争，即农村人口应向何处转移。已有观点主要建立在对大中小城镇优缺点的定性分析之上，而普遍缺乏定量分析依据。对不同类型城镇吸纳农村人口的能力及其利用人口的效率进行实证研究，可以为城镇化战略的制定提供有力支撑，这是一个需要加强的领域。二是农村转移人口市民化的成本核算与分担

---

① 王得忠：《对农村剩余劳动力有效转移的探析》，《经济问题》2007 年第 8 期。
② 张务伟、张福明：《农村剩余劳动力就地转移和异地就业影响因素实证分析——基于对山东省 17 地市 1873 户农民的调查》，《农村经济》2008 年第 6 期。

机制亟待深入探讨。农村转移人口市民化进程究竟需要投入多少公共成本，此成本是否可以承受，是必须回答的重要问题。目前仅有少量研究，因对"农村转移人口市民化"及其成本定义的不同理解，所得结论也不尽相同。如何合理划分政府、企业、个人责任，建立农村转移人口市民化成本的分担机制是亟待解决的问题。三是缺乏对人口城镇化方案的可行性与预期效果评估研究。人口城镇化方案要应用于实践，可行性是一个不可回避的问题。这要求从财力、法律、区域规划与管理等多方面对实施方案进行分析和论证；同时，人口转移方案实施后效果如何，是决策者关注的另一个问题。这就需要对方案的预期效果进行预测与评价，而目前还鲜有这方面的研究。

第三节　农村转移人口离农的实践依据

改革开放以来，中国工业化、信息化、城镇化、农业现代化建设已取得长足进展，农村转移人口离农作为经济发展的必经阶段和实现"四化同步"的必由之路，成为备受全社会关注的热门议题和重要话题。

一　农村转移人口离农有利于劳动力素质提高

由于历史积弊与体制惯性，加之农民群体自身意识不强，中国农村人口受教育程度普遍较低。据相关统计，目前农村实用人才占农村劳动力比重仅为1.6%，受过中等及以上农村职业教育的比例不足4%[①]。相关资料显示，农民工接受高中及以上文化教育的比例仅为25%左右，多数只有初中甚至小学文化教育水平（见表2-1）。长期以来，各级政府没有将提高农民素质作为干部政绩考核与政府治理考核的重要指标，官员政治晋升与劳动力素质提高的关系甚微。这种政策导向上的"先天缺陷"，加上农村工作的细小琐碎，导致广大基层干部往往只注重经济建设，相对忽视文化教育、科技推广、技能培训等提高农村劳动力素质的工作。

[①]　张照新、赵海：《新型农业经营主体的困境摆脱及其体制机制创新》，《改革》2013年第2期。

表 2 - 1　农民工文化程度构成

单位：%

文化程度	2010 年	2011 年	2012 年	2013 年	2014 年
未上过学	1.3	1.5	1.5	1.2	1.1
小学	12.3	14.4	14.3	15.4	14.8
初中	61.2	61.1	60.5	60.6	60.3
高中及中专	25.2	17.7	18	16.1	16.5
大专及以上		5.3	5.7	6.7	7.3

资料来源：国家统计局历年全国农民工检测调查报告。

　　为获取更高的经济收益，谋求异地非农就业成为农村剩余劳动力越来越普遍的行为选择，而劳动力素质则是决定其能否有效转移以及转移就业层次的重要影响因素。劳动力素质越高，转移机会就越多，转移渠道就越广，就业空间就越大。一般而言，能够最终实现离农的转移人口往往是农村文化素质相对较高的劳动力，就全国范围看，外出就业人口的文化程度与技能素质也一般高于农村劳动力平均水平。虽然农村转移人口在转入城镇或农村非农产业的初始阶段，从事的往往都是收入较低、环境较差、待遇不良、技术含量不高的低层次、体力型工作，如餐饮业、建筑业、运输业、零售业等，但不容否认的是，其对劳动力素质的综合要求仍高于农业生产。农村劳动力离农转移就业和城市用人单位吸纳劳动力是一种双向选择的动态过程，自身素质和技能水平将直接影响就业层次。随着科学技术迅猛发展与经济增长方式集约化转变，尤其是当前国家大力推动科技驱动创新与产业结构升级换代，用工企业提高劳动力的素质要求将会成为一个长久趋势，这将导致综合素质较低的农村转移人口在城市就业愈发困难。据此，农村转移人口若想在激烈的就业竞争中生存，需要自发参加各种形式的继续教育与技能培训，从而提高自身文化素质和就业技能。此外，大量离农转移的劳动力群体，从原本信息闭塞的农村地区转移到较为开放文明的城市地区，面对着全新的城市文明，接触着各种潮流信息，必然会受到城市先进文化与时代氛围的熏陶，从而改变其以往相对传统的各种价值观念，并在城市就业过程中，学习到新的实用知识与技能，提高自身修养与素质。素质较高的农民除择业门路宽、收入来源广、生产能力强、生存状态稳外，更容易摈弃传统农民的封闭性、保守性、自卑性，对市场交易活动有较强的敏感性、适应性和应对能力，融入城市生活节奏的速度也更快，因此转移也更容易、平稳、彻底和持久，并且会对农村地区有潜在转移需求的庞大劳动力群体形成较大吸引力，产生良性示范带头作用。农村劳动力在流动与迁移过程中的学习、模仿与创造，实际上可以视为对人力资本的一种投资，而这种转移过程所带来的劳动力素质提高和人力资本积累，必然会给国民经济调整与发展带来强大助推力。农民工从事的主要行业分布构成如表 2 - 2 所示。

表 2 - 2　农民工从事的主要行业分布构成

单位：%

行业	2008 年	2009 年	2010 年	2011 年	2012 年	2013 年	2014 年
制造业	37.2	36.1	36.7	36.0	35.7	31.4	31.3
建筑业	13.8	15.2	16.1	17.7	18.4	22.2	22.3
交通运输、仓储和邮政业	6.4	6.8	6.9	6.6	6.6	6.3	6.5
批发零售业	9.0	10.0	10.0	10.1	9.8	11.3	11.4
住宿餐饮业	5.5	6.0	6.0	5.3	5.2	5.9	6
居民服务和其他服务业	12.2	12.7	12.7	12.2	12.2	10.6	10.2

资料来源：国家统计局历年全国农民工检测调查报告。

二　农村转移人口离农有利于缩小城乡收入差距

农民增收问题是历届政府工作的重中之重，是破解"三农"问题的关键所在，决定着最广大农民群众的生活水平，不仅关系国家粮食安全和全面小康社会顺利实现，并且对于缩小目前广泛存在的城乡差距、工农差距、区域差距有着重要意义。近年来，在党和政府大力支持下，农民收入逐年上涨，在 2003 ~ 2015 年已经实现"十三连增"，且收入结构不断优化。2011 年，农民增收首次超过千元。同期，在全国 31 个省（自治区、直辖市）中，上海、北京、浙江、天津以及江苏等 5 个地区农民人均收入超过万元[1]。然而，需要指出的是，城乡收入差距较大仍是一个客观存在的事实，不利于国民经济稳定与和谐社会构建。

---

[1]　陈锡文：《农业和农村发展：形势与问题》，《南京农业大学学报》（社会科学版）2013 年第 1 期。

实践证明，广大农村剩余劳动力的离农转移对于提升农民生活水平、改善农民生活质量、缩小城乡差距发挥了显著作用。一方面，离农转移的农村劳动力进入非农产业或城市就业，所获收入普遍高于从事农业生产的人均收入，尤其是科技文化素质较强、职业技能较高、务工经验较丰富的劳动力在城市能找到薪资水平更高、福利待遇更好、工作环境更稳定的岗位，这将直接提升农村转移人口的生活水平与生活质量。不容忽视的是，农村转移人口在城市增加的不仅仅是经济收入，更重要的是掌握了更多的实用技能和知识，无形中增加了自身人力资本禀赋，为将来收入增长奠定了坚实基础。此外，农村转移人口在城市中享受到更高水平的教育、医疗、卫生、文化、信息等公共服务，无疑有益于进一步改善其生活水平。另一方面，大量闲置劳动力从农村地区转移出来，释放了农业就业压力，导致农村地区留守劳动力更能够实现充分就业，通过扩大农业经营规模、转变农业经营模式、培育新型农业经营主体等方式促进农村劳动力资源合理利用，进而提高农业边际生产率，有利于输出地的劳动生产率与务农收入提高。简言之，无论是异地转移还是就地转移，无论是兼业型转移还是专业型转移，均对缩小城乡差距、发展农村经济、增强乡村活力起到明显助推作用。

三 农村转移人口离农有利于资源优化配置

新中国成立后的相当长一段时间内，农村非农产业发展缓慢，加上城乡二元分割制度阻碍，大量农村劳动力长期滞留在农业生产领域，导致人均务农收入极低。改革开放后，随着家庭联产承包责任制的实施，农业生产力得到极大释放，农业的劳动生产率、土地产出率、资源利用率均稳步提高，对劳动力的需求日益减少，加上户籍、就业等限制劳动力流动的相关制度的放开，大量剩余劳动力纷纷离农转向非农产业或城镇地区，刺激了农村非农产业迅速发展。以就地转移为例，众多农业劳动力转向农村非农行业，为其发展提供了充足的劳动力供给，促进了农村第二、第三产业发展，并直接促成了 20 世纪 80 年代乡镇企业蓬勃发展的喜人局面。

现实生活中，农村劳动力在区域间转移并不一定能够引起流入区域工资水平降低和流出区域工资水平提高，劳动力区域间转移所带来的最直接经济效益，就是满足了经济发展对不同类型劳动力的需要，实现了人力资源合理分配。在市场经济条件下，农村劳动力转移遵循市场竞争的优胜劣汰规律，具有重要优化意义。一是优化劳动力质量。受市场规律支配，农村劳动力外出务工的必要前提是提供包括产品质量和服务质量在内的优质劳动，并接受市场检验，争取用人单位认可，否则他们就会在劳动力市场竞争中被源源不断的新转移就业者取代。二是优化劳动力行为决策。农村劳动力转移择业存在地域、产业、工种等目标取向问题。在确定目标取向时，需要在各种转移实施办法或行动方案中进行择定，并在分析研究的基础上采取逻辑自洽、切实可行的方案，此过程即为决策。由于转移具有利益与风险并存的特征，加上农村劳动力转移是一种理性经济行为，所以在转移决策时应十分审慎。否则，就会因决策失误而导致转移失败。据此，农村劳动力就会选择最优决策以获得最高经济效用，继而实现劳动力资源最优配置。三是有利于农村劳动力资源配置的市场化进程。迫于农业就业压力和乡镇企业发展条件不足压力，农民自发走出家门、背井离乡寻求更广泛的就业机会，本身即是一种市场化就业机制。总体而言，农村人口离农转移加速了劳动力、土地、资金、技术等多种经济资源在农村和城市之间的流动，并通过市场机制作用实现了经济资源重新优化配置，对整个国家经济社会发展产生了巨大的配置效应、节本效应、聚集效应和提升效应。

四　农村转移人口离农是制度改革与拓新的必然选择

现阶段，中国社会管理制度仍然是以户籍制度以及依附其的一系列配套制度为基础。据此，劳动力在城乡间流动便受到严格限制，城乡人口在就业、教育、医疗、失业、养老、住房等方面的待遇都有较大差别。随着改革开放不断深入，户籍制度改革为农村剩余劳动力转入城市打开了大门。农村劳动力逐渐融入城市，已经和正在成为城市发展不可或缺的重要组成部分，但其身份依然属于农民，从而在很多方面都受到户籍等相关管理制度约束，这迫使其一直生活在城市边缘，不能享受同城市居民一样的社会与经济权益。换言之，中国以往的城镇化是"夹生"的。长期在城市就业的农村劳动力身处二元社会管理制度的夹缝中，决策层应积极解决其户口问题，使其能够成为真正意义上的城市人口，从而融入城市生活，这势必会推动户籍及其相关社会管理制度的深化改革。根据国务院发展研究中心课题组的调查，当前农民工便具有提高最低工资水平、改善社会保险、提供保障性住房、改善医疗条件、改善工作和生活环境、加强权益保障、改善子女教育条件、提高职业技能等八大利益诉求①。这也昭示了很多事关农民工生存的问题已经迫在眉睫，亟待引起决策层重视。

农村人口大规模转移本身就是对旧的城乡分割的二元社会管理体制的一种冲击。在就业方面，大量农村剩余劳动力来到城市寻找就业机会，参与就业竞争，并通过在自主决策情况下与企业达成就业协议，致使劳动力配置决策权发生转移，不再单独依靠行政主体进行决策，从而促成了市场配置劳动力资源的新机制，这必然会大大推动城镇用工及其他相关就业制度的改革。在社会保障方面，转移到城镇的农村劳动力在医疗、保险、救助、教育、养老等社会保障方面缺失的状况正在发生积极改变。国务院在 2006 年 3 月建立了由 31 个部门和单位参加的农民工工作联席会议制度，地方政府也建立了相应的农民工工作机构，形成了党委政府统揽、部门分工协作的工作机制，并相继出台了一系列有关农民工权益和社会保障的通知、文件与规定，尽管还不够完善，但已经释放出积极信号，足见农村人口转移对于中国二元社会管理制度改革的推动作用。

五　农村转移人口离农是新型城镇化建设的重要支撑

新型城镇化进程同时也是农村人口市民化进程，新型城镇化发展需要农村人口不断向城市转移。只有人口达到一定规模，城镇集聚效应才能完全发挥。截至 2015 年，中国城镇常住人口 77116 万人，城镇化率达到 56.1%，较 1996 年提高了 27 个百分点。新型城镇化既是中国向发达工业国迈进的必经之路，又是下阶段经济社会发展的基本动力，具有长远战略意义。自 20 世纪 90 年代以来，尤其在乡镇企业对农村剩余劳动力吸纳力持续下降的情况下，异地转移成为农村劳动力的重要转移方式。此背景下，越来越多的农村劳动力转移到城市，并开始资本积累，一旦完成市民化进程，便能顺利转化成市民，将直接提高城镇化率。城市化水平提升伴

---

① 国务院发展研究中心课题组：《农民工的八大利益诉求》，《发展研究》2011 年第 12 期。

随着城市规模扩大，既能增强对企业的吸引力，扩大城市就业规模，又能提高城市内部劳动生产率，进而提高城市劳动力工资收入，进一步吸引农村人口离农转移，形成良性循环局面。

　　农村剩余劳动力向城市转移有助于城市集聚效应的形成，有利于产业集聚区的发展，并为城市建设提供大量廉价劳动力资源，可以满足城镇化发展进程中第二、第三产业扩张对于劳动力的庞大需求。目前，农村转移劳动力大多集中在建筑业、运输业、制造业、流通业、服务业、住宿业等劳动密集型产业，承担了大多数"脏、累、险"的体力型工作，为城市建设和发展做出很大贡献，是新型城镇化建设的重要支撑。据相关统计，2015 年农民工在第二产业中从业的比重为 55.1%，在第三产业从业的比重为 44.5%。其中，从事批发和零售业的农民工比重为 11.9%，从事交通运输、仓储和邮政业的农民工比重为 6.4%，从事住宿和餐饮业的农民工比重为 5.8%[1]。同时，农村劳动力转移到城市中可以较大幅度地刺激消费增长，进而拉动城市投资。据相关统计，2014 年外出农民工月均生活消费支出人均 1012 元，比上年增加 68 元，增长 7.2%。其中，月均居住支出人均 475 元，占生活消费支出的比重为 46.9%[2]。农民工进城落户后对于城市中教育、医疗、卫生、交通等公共服务的需求很大，间接带动学校、医院、文化等公共基础设施的投资增长，其对于住房的需求也刺激了城市房地产行业繁荣。此外，农村劳动力转移在客观上促使城市转型。农村劳动力进城就业冲击城市原有劳动力市场，降低城市用工成本，提高劳动生产率，对城市福利体制造成影响。这在客观上要求城市提高管理和服务水平，节约城市生活资源，改善城市生活环境，促使城市向集约、宜居、和谐的城镇化方向发展。

六　农村转移人口离农是新型工业化建设的重要力量

　　工业化对于一个国家或地区走出农业社会和实现经济腾飞的必要性，

---

①　国家统计局：《2015 年我国农民工调查监测报告》，http：//www. stats. gov. cn/tjsj/zxfb/201504/t20150429_ 797821. html。

②　国家统计局：《2015 年我国农民工调查监测报告》，http：//www. stats. gov. cn/tjsj/zxfb/201504/t20150429_ 797821. html。

已经被大多数西方发达国家的经验和道路所证实①。农村人口离农转移对于中国新型工业化进程同样有着重要影响。一方面，全国各地城市高速发展，工业产业不断扩张，产业集聚区不断兴建，各种大型投资工程项目不断兴起，产生较高的劳动力用工需求，"用工荒"成为企业面临的最大难题，而农村剩余劳动力进城务工正好弥补了城市用工劳动力空缺，尤其是对于一些"环境差、工资低"的工业行业。同时，很多城市的支柱产业都是低技术含量的劳动密集型产业，需要大量从事简单工作的劳动力，而相对廉价的农村剩余劳动力为该类企业节约生产成本、降低产品价格、增加产品竞争力。此外，企业成本降低、生产利润增加，必然促使投资增加，推动企业生产规模进一步扩大。另一方面，农村人口离农转移为新型工业化建设提供了重要人力支撑。农村转移人口城市就业为工业部门提供了廉价劳动力，较低的工资水平扩大了利润空间，工业部门享受着"人口红利"所带来的巨大机遇。农村转移人口进城务工所获工资水平普遍不高，人力成本节约对于企业核心竞争力的提升产生巨大推力。同时，农村劳动力转移到城市提高了消费支出，使社会总需求扩大，反过来又促进了工业化投资规模扩张，也增加了新型工业化建设的原动力。简言之，农村转移人口离农为实现工业化低成本之路奠定了重要的人力资源基础。

七 农村转移人口离农是农业现代化的重要前提

传统农业更注重土地、劳动、牲畜、家禽等要素投入，影响农业增长潜力。农业现代化以粮食优质高产稳产为前提，以科学化、生态化、社会化、标准化、组织化、产业化程度高为标志，以基础设施、机械装备、服务体系、经营管理、科学技术、农民素质为支撑，以机械、化肥、农药、饲料、种子、农膜、柴油为投入要素，能够从资源整合利用、资源循环利用、系统配置资源等方面节约生产成本，实现边际收益增长和单位成本减少，有助于总收益和总产出增加。就市场资源配置的基础性而言，价值规律引导社会资源的配置和流向。从世界经济发展一般性规律看，只有不断提高农村劳动力的非农就业比例，才能实现农村土地规模化经营，进而提

---

① Bogue, Donald J., "Internal Migration", Hauser, Duncan eds., *The Study of Population: An Inventory Appraisal* (Chicago: University of Chicago Press, 1959); Lewis, G. J., *Human Migration* (London: Groom Helm Ltd, 1982).

高农业劳动生产率、农业生产水平与农村综合经济实力。例如，德国一般家庭农场经营2～100公顷土地，加拿大家庭农场平均经营300公顷土地，而中国平均每个农户的耕地面积只有0.41公顷。发达国家农民收入高、农地产出高。根据相关统计，2011年美国水稻单产比中国高15.03%、籽棉单产高77.97%、玉米单产高75.88%；澳大利亚水稻单产比中国高141.75%、籽棉单产高266.68%；法国玉米单产比中国高63.12%①。再如，2012年，中国稻谷、小麦和玉米的生产成本分别比美国高24%、38%和39.5%，其他大宗农产品价格也全面超过国际市场价格②。中国大量农村剩余劳动力的存在阻碍了农业生产的机械化、集约化、商品化，阻碍了现代农业生产要素对传统农业生产要素的替代，只有通过农村劳动力充分转移才能真正实现农业现代化。农村剩余劳动力转移后，农业人口比重自然降低，各类资源更容易集中，有利于实现由传统农业分散经营向现代农业集约经营的转变。具体而言，农村人口转移到城市就业，置换出大量农地，可以提高土地集约化水平，推动耕地向种粮大户、农机大户、家庭农场、农民专业合作社、工商企业等新型农业经营主体集中，实现农业生产规模效应，从而为农业生产规模经营和农业产业化进程创造有利条件，并推动现代种植业、现代养殖业、现代农产品加工流通业和现代观光休闲农业发展壮大。据此，农村转移人口离农是实现农业现代化的重要前提。

---

① 汪发元：《中外新型农业经营主体发展现状比较及政策建议》，《农业经济问题》2014年第10期。
② 张红宇等：《中国特色农业现代化：目标定位与改革创新》，《中国农村经济》2015年第1期。

第三章　中国农村转移人口离农进程的
历史回顾与经验总结

农村人口转移事关经济社会发展全局，有必要重新考察和梳理新中国成立以来各阶段农村转移人口的离农状况并加以简要评述，以期形成一系列具有现实指导意义的经验总结。

第一节　中国农村转移人口离农进程的历史回顾

农村转移人口由来已久，在新中国成立以来的不同历史时期也具有不同特点。需要指出的是，农村转移人口离农进程的各阶段均深受政府影响，且与城镇化进程密切相关。

一　新中国成立初期到改革开放前的农村转移人口离农状况（1949～1978年）

新中国成立初期至改革开放前，相对于工业化进程，农村剩余劳动力离农转移的速度较慢，城镇化进程近乎停滞。相关资料显示，1949～1978年，中国城镇化水平从 7.3% 提升到 17.92%，年均增速仅为 3.1%①。在此阶段，农村转移人口离农在很大程度上类似于一个制度性演变进程，其中以户籍制度为核心的一系列制度设计和政策变动影响了农村转移人口离农进程。

---

① 国家统计局：《庆祝新中国成立 60 周年系列报告之十：城市社会经济发展日新月异》，http://www.stats.gov.cn/ztjc/ztfx/qzxzgcl60zn/200909/t20090917_68642.html。

（一）1949～1957 年：农村转移人口的自发性离农阶段

新中国成立初期，面对极其严峻的国际形势和国内环境，党和政府确立了先国计后民生、先生产后生活的发展原则，并效仿苏联模式，在国民经济上确立了优先发展重工业以期迅速完成工业化的发展战略，国家建设中心从农村完全转向城市①。然而，重工业发展必然要依赖城市发展，需要完善的城市基础设施作为前提条件。1951 年 2 月，中共中央政治局扩大会议召开，并在《中共中央政治局扩大会议决议要点》中指出，"在城市建设计划中，应贯彻为生产、为工人阶级服务的观点"，明确规定了城市建设的基本方针。据此，在"一五"计划时期，国家兴建了一大批重点工程和新兴城市，吸引了部分农村劳动力离农转移到城镇成为产业工人，但城市轻工业和第三产业的发展受到忽视，其对离农群体的吸纳力比较有限。在此阶段，重工业和城市发展所需投入的原始资本只能依赖农业积累，故农业发展自新中国成立伊始便受到不公正待遇，表现为通过工农产品价格"剪刀差"等方式来实现"农村支持城市，农业支持工业"。令人欣慰的是，国家积极开展农村土地改革，在提高农民生产积极性的同时，也使农业生产率和农产品产量大幅提升，既给国家食物安全和工业建设提供了基本保证，也为部分农村剩余劳动力产生离农转移意愿奠定了物质基础。

在此阶段，国家对农村转移人口离农基本上未加干预。1951 年 7 月 16 日，公安部公布新中国第一部户籍登记管理方面的政策法规——《关于城市户口管理有关内容的暂行条例》，条例主要是规范各地不同的户籍管理办法，实行城市统一户籍登记制度，但无明确限制农村人口离农转移的条文。1955 年 3 月，针对离农群体户口迁移办理，政府发布联合通知，对盲目转移予以劝阻，同时为正当的离农转移提供方便；同年 6 月，国务院发布《关于建立经常户口登记制度的指示》，规定全国城市、集镇、乡村都要建立户口登记制度，开始统一全国城乡的户口登记工作，但并未对农村人口离农转移做出明确规定；同年 11 月 7 日，《国务院关于城乡划分标准的规定》出台，对城镇和乡村、非农业人口和农业人口做了详细区分。

---

① 1949 年 3 月，中共七届二中全会决定党的工作重心由乡村转向城市，实行由城市领导乡村的工作方式。

由此可见，此阶段农村人口的离农转移意愿多为自发产生，并未受到政府部门的控制和干预，劳动力可以在城乡间自由流动。相关资料显示，全国城市人口（居住在城市半年及以上的人口）由 1949 年的 3949 万人增加到 1957 年末的 7077.27 万人，而城市人口占全国人口的比重，即城市化水平则由 7.3% 上升到 10.9%[①]。在这个有户籍制度但近乎无户籍歧视的时期，农村人口离农转移进城的决定，显然是农民作为"理性经济人"角色追求自身利益最大化的结果。

（二）1958～1978 年：农村人口离农转移由剧烈波动到受控停滞阶段

在大幅超额完成"一五"计划时期发展任务之后，受苏联经济发展模式影响，中国走上了举全国之力优先发展重工业的道路，"大跃进"、大炼钢铁、人民公社成为这一时期的典型代名词。国民经济建设规模急剧膨胀，对劳动力的过度需求在最初几年吸引大批农村人口转移到城市。然而，这种带有严重冒进倾向的发展模式最终给中国经济带来近乎毁灭性的灾难：城市与工业快速发展的同时，农村与农业发展严重滞后，加上自1959 年起三年自然灾害造成农产品严重短缺，国民经济比例关系严重失调，财政连年赤字，人民生活十分困难，大量转移到城镇的离农群体被迫重返农村。1960 年 11 月，第九次全国计划会议宣布"三年不搞城市规划"，此后各地纷纷撤销规划机构，大量精简规划人员。1964 年 8 月，"三线"建设拉开序幕。1964～1980 年，国家在三线地区共审批 1100 多个大中型建设项目，大批原先位于大城市的工厂与人才进入西部山区。从 1966 年开始，由于受政治环境影响，社会正常生产秩序遭到破坏，生产活动停止，对劳动力的需求不复存在，不仅农村劳动力难以转移到城市，城市里成千上万的知识青年也被国家下放到农村"插队落户"，农村人口离农转移进入停滞阶段。1968 年 12 月 22 日，《人民日报》发表了题为"我们也有两只手，不在城里吃闲饭"的文章，随后全国开展了轰轰烈烈的"上山下乡"运动。

自此阶段起，中国农村转移人口离农进程开始受到政策严重影响，国家干预色彩明显。"大跃进"发展模式暴露出许多严重问题，致使国家不

---

① 国家统计局：《庆祝新中国成立 60 周年系列报告之十：城市社会经济发展日新月异》，http://www.stats.gov.cn/ztjc/ztfx/qzxzgcl60zn/200909/t20090917_68642.html。

得不从 1960 年起开始以"调整、巩固、充实、提高"八字方针来开展三年国民经济结构调整。迫于前期流入城市的大量离农群体带来的食物、就业、住房、医疗、教育、卫生等压力，为保障工业原材料供应和城市人口正常生活，国家开始严格控制农村人口离农转移。1962 年 5 月 7 日，中央召开工作会议，指出要减少 2000 万名城市人口。1963 年精简工作基本结束后，全国城镇人口总数和工业劳动者总数分别比 1961 年底净减少 1100万人和 600 万人，乡村人口总数和农业劳动者总数分别比 1961 年底净增加4400 万人和 2300 万人[①]。同时，限制农村人口转移离农的规定也不断制度化、规范化。1958 年 1 月 9 日，《中华人民共和国户口登记条例》颁布实施，明确规定农村居民必须持有由城市劳动部门或学校开具的录用、录取证明，才能迁往城市，首次以法律形式限制城乡人口迁移流动，标志着中国长期存在并固化的城乡二元户籍管理制度正式确立。1975 年 1 月 17 日，《中华人民共和国宪法》正式取消了有关迁徙自由的规定。1977 年 11 月，《公安部关于处理户口迁移的规定》发布，要求几年内把市镇无户口的人员基本动员回农村。基于此，加上城乡有别的社会保障、食品供给、就业住房等制度的彻底固定，将市民和农民彻底分隔的城乡二元体制得以形成，并长期影响农村离农群体的心理意愿，成为今后广大农村人口离农转移的最大障碍与制约因素。

在此阶段，农村人口离农转移也如同国民经济巨大波动一样，呈现出从快速扩张到紧缩，再到近乎停滞的情形。三年"大跃进"时期，城市人口数量由 1957 年末的 7077.27 万人迅速增至 1961 年的 10132.47 万人，增幅达 43.2%；经过几年国民经济调整后，大批离农群体返乡，城市人口在1965 年降至 8857.62 万人，城市化水平由 1961 年的 15.4% 降至 12.2%；而自 1966 年起，国民经济受到政治影响长期徘徊不前，城市发展缓慢，截至 1978 年，城市人口为 17245 万人，城市化率仅为 17.92%[②]，仅比调整前的 1961 年提升了 2.5 个百分点，若排除自然增长，1961～1978 年城市

---

① 张占斌、刘瑞、黄锟：《中国新型城镇化健康发展报告（2014）》，社会科学文献出版社，2014，第 392 页。

② 国家统计局：《庆祝新中国成立 60 周年系列报告之十：城市社会经济发展日新月异》，http://www.stats.gov.cn/ztjc/ztfx/qzxzgcl60zn/200909/t20090917_68642.html。

人口的机械增长约为负 1000 万人，即从城镇向农村地区倒流了 1000 万人[1]。同时，国家不仅通过户籍制度，还通过粮食统购统销、人民公社化等其他制度手段对离农行为进行抑制和逆调节，极大影响了农村转移人口离农进程。

二　农村经济改革初期的农村转移人口离农状况（1979~1991 年）

1978 年 12 月，党的十一届三中全会做出把工作重点转向社会主义现代化建设的战略决策，中国开启了全新的农村转移人口离农之路。

（一）1979~1983 年：农村人口离农转移的艰难重启阶段

党的十一届三中全会以后，改革开放大潮率先在农村地区兴起，"统分结合，双层经营"的家庭联产承包责任制在全国迅速推行，土地包产到户且自负盈亏，动摇了人民公社制度根基，农民生产积极性被迅速调动，劳动生产率和农产品产量大幅提升，随之而来的便是家庭劳动力出现剩余，拥有了财产权和自由支配权的该部分闲置劳动力率先产生离农转移意愿。然而在改革开放初期，城镇企业尚未改革，缺乏大量劳动力需求，加之于 20 世纪 60 年代末下乡插队的大量知识青年开始返城[2]，城镇面临巨大就业压力，也暂时无力消化进城离农群体。

在此阶段，政府不得不以带有强烈行政色彩的手段来干预劳动力资源配置方式。一方面为保证城市居民正常生产生活秩序、消化城镇劳动力就业需求，国家对农村剩余劳动力盲目外流加以严格限制。1980 年 8 月，《关于进一步做好城镇劳动就业工作的意见》颁布实施，要求对来自农村地区的计划外用工予以清退，严格控制农村人口盲目转移进城。但同时也指出，要通过开展社队企业等经营方式对农村剩余劳动力加以吸收。1981年 10 月，国务院又下发《关于广开门路，搞活经济，解决城镇就业问题的若干决定》，再次提出要严格控制离农转移，要通过多种经营方式就地安置剩余劳动力。并且 1982 年 12 月政治局会议通过的《当前农村经济政策的若干问题》也强调要保护并办好社队企业这一农村中比较进步的生产

---

① 苏少之：《1949~1978 年中国城市化分析》，《当代中国史研究》1999 年第 2 期。
② 1978 年 10 月，全国知识青年"上山下乡"工作会议召开，会议决定逐步缩小"上山下乡"的范围，有安置条件的城市不再动员下乡。1981 年 11 月国务院知青办并入国家劳动总局，历经 20 余年的城镇知识青年"上山下乡"正式结束。

力，同样旨在缓和农村劳动力剩余问题。1982 年，以 7 月 1 日零时为普查登记标准时间进行第三次全国人口普查工作，以"简易行政地域划分"为城乡（人口）划分标准，普查所得的城镇化率为 20.6%。

在此阶段，随着举国上下思想观念的转变，国家对农村人口离农转移的态度有所转变，体制约束有所松动。主要体现在虽然依旧限制农村人口离农转移，但支持社队企业、专业户经营等生产形式①，事实上也是在支持剩余劳动力在农村内部以及产业间就地转移。广大离农群体有进城意愿，但备受政策限制，故多数转入农村内部非农产业中。截至 1983 年底，乡镇企业共吸纳农村剩余劳动力 3044 万人，占农村地区劳动力总数的 8.8%。由此可见，离农群体在城乡间以及农村内部的就地转移正在艰难开启。

（二）1984～1988 年：农村人口离农转移的快速推进阶段

随着 20 世纪 80 年代以来农村经济体制改革不断推进，劳动力剩余问题进一步凸显，大量闲置农村劳动力成为潜在的待转移及离农群体。同期，经济体制改革也逐步扩展到城市，随之兴起和壮大的城市第二、第三产业，不仅有效解决了城市人口就业问题，也为吸纳离农群体进城就业提供了空间。此外，人民公社体制彻底瓦解也减少了离农转移、自主流动的体制性障碍②。

面对这种"外拉"与"内推"的劳动力供求状况，政府开始逐步放开农村劳动力离农转移进城限制，由之前的"严格控制"转为"允许流动"。1984 年元旦颁布的《关于 1984 年农村工作的通知》明确指出允许务工经商且能自理口粮的离农群体落户城镇，标志着限制农村人口离农转移的政策松动。同年 10 月，国务院印发《关于农民进入集镇落户问题的通知》，规定凡有经营能力且有固定住所的离农转移群体及其家属，均可办理城镇入户手续且按非农业户口统计。1985 年 7 月，公安部发布《关于城镇暂住人口管理的暂行规定》，决定对流动人口实行暂住证、寄住证制度，允许暂住人口在城镇居留。此后，国家相继出台一系列政策文件，进一步活跃

---

① 1984 年 3 月 1 日，中共中央、国务院转发农牧渔业部《关于开创社队企业新局面的报告》（即著名的中发〔1984〕4 号文件），并发出通知，同意报告提出的将社队企业名称改为乡镇企业的建议，并提出发展乡镇企业的若干政策，以促进乡镇企业迅速发展。

② 1983 年中央一号文件提出改革人民公社体制，1985 年 5 月撤社建乡工作完成。

农村经济，允许国有企业在农村招工，组织贫困地区劳务输出，为广大农村转移人口离农提供便利。

此阶段是农村转移人口的难得机遇，农村集镇、乡镇企业的兴起，加之"允许流动"的转移政策促成离农转移迅速推进。1988 年农村地区非农产业就业人数比 1984 年增加 5566 万人，年均转移剩余劳动力 1100 万人以上，非农化就业比重由 8.8% 迅速上升到 21.5%[①]，从而出现农村劳动力向非农产业转移的第一次小高潮。

（三）1989～1991 年：农村人口离农转移的整顿起伏阶段

随着农村转移人口离农政策深入贯彻实施，涌向城市的农村剩余劳动力达到空前规模，对城市住房、治安管理、交通运输、劳动力市场、社会保障等造成巨大冲击，尤其是 1989 年出现的井喷式"春运潮"，使"民工潮"现象备受社会各界关注。加上当时经济过热所出现的结构性矛盾和通货膨胀压力，国家开始整顿经济，调控经济环境，压缩各项建设投资与固定资产投资，降低城镇各种企业用工需求，压缩离农群体转移空间。

自 1989 年起，国家开始调整前一阶段离农转移政策。该年 3 月，国务院印发《关于严格控制民工外出的紧急通知》，要求各地政府通过有效措施，严格控制农村闲置人口盲目外流；同年 10 月，国务院发出《关于严格控制"农转非"过快增长的通知》，要求各地区把"农转非"人数严格控制在计划指标之内，不得突破，突破的要在下年度计划指标中相应扣减。针对当时东部地区劳动密集型产业兴起并吸引大批农民工流入的现象，国家在 1990 年 2 月发布《关于劝阻民工盲目去广东的通知》加以控制。同年 4 月通过的《关于做好劳动就业工作的通知》也指出要开展多种经营，办好乡镇企业，合理引导和消化农村闲置劳动力，实现就地转移就业。1990 年，以 7 月 1 日零时为普查登记标准时间进行第四次全国人口普查工作，采用了城乡划分的新标准——细分行政地域，测算得到的城镇化率为 26.23%。

三年经济整顿期间，许多工程项目停工停建，国内经济疲软，受政策限制和经济环境制约，农村部分非农产业受到冲击，农村转移人口离农受到影响，农村转移人口离农进程出现逆转现象。但此阶段出台的政策并非

[①] 卢迈、赵树凯、白南生：《中国农村劳动力流动的回顾与展望》，http：//www.drc.gov.cn/xscg/20011110/182－224－30212.htm。

像前期"一刀切"般严禁离农外流，而是在控制盲目流动基础上涉及如何更有序的转移层面，显现出政策变迁的进步性。

三　市场经济制度确立并完善阶段的农村转移人口离农状况（1992～2000年）

自1992年起，中国开始实现由计划经济体制向市场经济体制的全面转型，农村人口离农转移政策也发生根本变化，由允许流动逐渐演变为规范流动、有序转移。根据农村人口离农转移状况，可将这一时期分为两个阶段。

（一）1992～1996年：农村转移人口跨区域高速转移阶段

1992年，随着"南方谈话"发表和党的十四大召开，国家经济体制改革取得巨大成效，前期受到压制的乡镇企业及城市发展迎来"第二春"。尤其是国家开始强化出口导向型发展战略，推动东部沿海城市外向型经济快速崛起，迅猛增加的劳动力需求增强了对广大离农群体的就业吸纳能力，大批农村闲置劳动力纷纷开始离农转移进城，掀起新一轮打工热潮。

在此阶段，国家政策开始发生积极转变。1993年11月党中央颁布《关于建立社会主义市场经济体制若干问题的决定》，明确提出鼓励和引导离农群体逐步向非农产业以及跨地区有序转移。同时，劳动部也发文要求建立劳动力流动就业的用工管理服务等基本制度，保障离农群体有序就业。1994年7月5日，《中华人民共和国劳动法》颁布，规定在中国境内的企业、个体经济组织（以下统称用人单位）和与之形成劳动关系的劳动者均适用本法，事实上将农村进城务工人员纳入法律保护。此后，政府又相继下发一系列相关规定，旨在促进农村闲置劳动力就地转移就业，完善劳动力市场，提高离农转移的规范化、有序化程度。截至1996年底，城镇化率突破30%，并进入快速发展阶段。

在利好的经济环境和转移政策下，农村人口离农群体实现跨区域高速转移。在此阶段，农村转移人口主要从欠发达地区流向发达地区，流入产业主要集中在大中城市的第三产业及东南沿海地区的外贸加工业，这也体现出市场对人力资源的基础配置作用。

（二）1997～2000年：农村人口离农转移趋缓阶段

1996年以后，中国经济发展再次出现投资过热、需求过旺现象，国内通货膨胀压力显著抬升。加之1997年东南亚金融危机影响，国内出口贸易企业受到严重冲击，尤其东南沿海众多外贸企业停业停产休整，大量农民工失去就业岗位，并掀起"返乡潮"，而国内多数企业活力不足且效益下滑。为防止经济波动过大，国家实行适度从紧的财政政策与货币政策，同时为深化改革增强经济活力，对产业结构实行战略性调整，国企重组改制产生大量城市下岗职工，城市对农村转移人口的就业吸收能力进一步下降。

在此背景下，有序引导农村转移人口离农的政策没有改变，但是为解决大量城市下岗职工再就业问题，各地政府纷纷出台地方保护性法规，限制农村劳动力离农进城。1997 年 6 月 10 日，公安部发布《小城镇户籍管理制度改革试点方案》和《关于完善农村户籍管理制度意见》，提出进行户籍管理制度改革，允许已经在小城镇就业、居住并符合一定条件的农村人口在小城镇办理城镇常住户口，以促进农村剩余劳动力就近、有序向小城镇转移，促进小城镇和农村全面发展，维护社会稳定。同时继续严格控制大中城市人口机械增长。1998 年 10 月，党中央颁布《关于农业和农村工作若干重大问题的决定》，指出要引导落后农村地区闲置劳动力合理有序流动，以解决发达地区用工需求，改善农民生活和农业发展。

在此阶段，受国际金融危机和国内经济环境影响，加上各地对城市下岗职工再就业的保护政策，农村闲置劳动力离农意愿受到抑制。根据国家统计局农调总队调查资料，1992～1996 年，离农转移人口年均数量超过 800 万人，而本期年均转移人数约为 600 万人，离农转移步伐明显放缓。2000 年，以 11 月 1 日零时为普查登记标准时间进行第五次全国人口普查工作，按照《关于统计上划分城乡的规定（试行）》的统计口径，测算所得的城镇化率为 36.09%。

四 21 世纪统筹城乡协调发展阶段的农村转移人口离农状况（2001 年至今）

21 世纪以来，国民经济持续增长，综合国力不断增强，人民生活质量总体提高，城市化水平不断提升，中国农村转移人口离农化水平也进一步提升，逐步开启真正意义上的市民化过程。随着"和谐社会""公平正义""支农惠农"理念的普及，国家出台相关政策的出发点始终基于统筹城乡发展、破解"三农"困境及缩小城乡差距。

（一）2001～2011 年：农村人口离农转移稳步加快阶段

进入 21 世纪后，国民经济虽保持强劲持续增长速度，但由于传统城乡二元经济发展结构及粗放型经济发展模式的影响，经济社会发展中一系列深层次矛盾开始显露：以高投入、高消耗、高污染的发展模式以及低素质、低技能、低工资的充足廉价劳动力为支撑的生产结构，在经济全球化背景下受到严峻挑战；"民工潮"中出现的"民工荒"现象显示出劳动力供求的结构性矛盾；数以亿计转移进城的农民工群体受到不公正待遇；城乡间、地区间、产业间收入差距不断扩大。这些均影响着广大农民群体参与生产建设的积极性，遏制农村转移人口离农的意愿，迫切要求国家转变经济发展方式，统筹城乡发展，推动离农群体持续健康有序转移。

面对新形势，党和国家创新性地提出科学发展观，为消除二元经济结构下不断扩大的城乡差距、维护社会公平，将改善民生作为各项政策出发点，将妥善解决"三农"问题列为各项事业的重中之重。党的十六大之后，随着一系列支农、惠农、强农、富农政策的制定与落实，农业生产率进一步提升，新一轮闲置劳动力离农转移浪潮开始兴起。数以亿计的农村劳动力跨区域转移到城市，成为城市建设、产业发展不可或缺的组成部分。

在此阶段，国家推出的农村人口离农转移政策明显发生积极变化。2001年3月，中央下发《中华人民共和国国民经济和社会发展第十个五年计划纲要》，提出要打破城乡二元分割体制和地方保护主义，取消农村劳动力流动不合理限制，建立农村闲置劳动力有序流动机制；3月20日，公安部印发《关于推进小城镇户籍管理制度改革的意见》，要求各地加快引导农村剩余劳动力向小城镇转移，促进小城镇发展和城镇化进程；同年12月23日，劳动和社会保障部下发《关于完善城镇职工基本养老保险政策有关问题的通知》，对跨统筹地区流动的人员、采取各种灵活方式就业的人员、农民合同制职工的养老保险问题做出明确规定。此后，作为离农人群先锋队的农民工群体权益保障开始受到各方关注。2002年，中央在对农业和农村工作指导意见中明令禁止对进城农民工乱收费及简单粗暴清退的做法。2003年国务院出台的通知也指出农民工离农进城是历史必然趋势，是推动工业化、城镇化的重要力量。2003年8月15日，河南省委、省政府印发《河南省全面建设小康社会规划纲要》，明确提出"要坚持以工业化为主导，以城镇化为支撑，以推进农业现代化为基础，统筹城乡经济社会协调发展"，在理论和时间上首次提出"三化协调发展"。2003年10月，党的十六届三中全会颁布的《中共中央关于完善社会主义市场经济体制若干问题的决定》，提出加快城镇化进程，在城市有稳定职业和住所的农业人口，可按当地规定在就业地或居住地登记户籍，并依法享有当地居民的应有权利，承担相应义务。2005 年 3 月，十届全国人大三次会议通过的《政府工作报告》，指出要多渠道转移农村富余劳动力，拓展农村劳动力就业空间，引导农村劳动力合理流动。2006 年 3 月，《关于解决农民工问题的若干意见》第一次对妥善解决农民工工资、生产生活条件、就业培训、子女教育等问题做出系统安排。2007 年 6 月 29 日，《中华人民共和国劳动合同法》颁布，将民办非企业单位列入用人单位，将劳动合同细化为固定期限劳动合同、无固定期限劳动合同和以完成一定工作任务为期限的劳动合同，并要求"实行同工同酬"。2008 年，由于受全球金融危机影响，广大离农群体转移就业出现压力，国务院下发通知，要求通过技能培训、职业教育等多项措施促进农民工就业，鼓励农民工返乡创业，并保障土地承包权益。2010 年，国务院国资委再次发文要求中央企业履行好社会责任，为稳定离农进城的农民工就业做好服务。同时，政府也高度重视农村人口离农群体的户籍、住房、社会保障等制度建设。2010 年 5 月 31 日，国务院转批国家发改委《关于 2010 年深化经济体制改革重点工作意见的通知》，指出要深化户籍制度改革，加快落实放宽中小城市、小城镇特别是县城和中心镇落户条件的政策，进一步完善暂住人口登记制度，逐步在全国范围内实行居住证制度。同年 6 月 3 日，住建部、财政部、国家发改委、国土资源部、中国人民银行、国家税务总局、银监会七部门发出《关于加快发展公共租赁住房的指导意见》，在全国范围内启动公共租赁住房建设计划，着眼于解决中等偏下收入居民以及新就业人员、外来务工人员等"夹心层"群体的住房问题。2011 年 2 月 26 日，《国务院办公厅关于积极稳妥推进户籍管理制度改革的通知》发布，提出要分类明确户口迁移政策，特别是放宽地级市落户条件，逐步实行暂住人口居住证制度。

如上所述，该时期农村转移人口离农政策重心已经转向为消除歧视和差距的"公平流动"。以人为本、公平对待、保障权益、融入城市成为此时期农村转移人口离农政策的核心特征。在此背景下，农村转移人口离农意愿日益高涨，离农进程不断推进，离农群体不断扩大。虽然遭受 2008 年金融危机影响，2009 年外出农民工数量仍达 14533 万人，比上年小幅提升3.50%，此后离农转移恢复加快。截至 2011 年末，外出务工农民工总数达

15863 万，城市化水平首次超过 50%，达到 51.27%，比 2001 年的 37.66% 提升了 13.6 个百分点。2010 年，以 11 月 1 日零时为普查登记标准时间进行第六次全国人口普查工作，参照 2006 年国家统计局颁布的《关于统计上划分城乡的暂行规定》和 2008 年国务院批复的《统计上划分城乡的规定》，测算所得城镇化率为 49.68%。

（二）2012 年至今：农村转移人口离农现状

随着"四化同步"发展与全面深化改革的战略实施，中国即将进入工业化中期阶段与城镇化加速阶段。大批农村转移人口在城市完成原始积累后，开始分享改革成果。然而，需要指出的是，中国户籍城市化水平依旧较低，大批转移进城的离农群体虽然工作、生活在城市，但依旧属于农业户籍，并未同市民平等享受各项公共服务和社会保障，并未实现真正意义上的市民化。尤其在这一时期，以新生代农民工①为主体的转移群体，离农目标明确，离农意愿强烈，正在由"亦工亦农"向"全职非农"转变，由"城乡双向流动"向"融入城市"转变，由"寻求谋生"向"追求平等"转变，有效完成其市民化过程则需要政府进一步改革城乡二元分割体制，落实好各项转移政策与服务。

2012 年 2 月 23 日，国务院印发《关于积极稳妥推进户籍管理制度改革的通知》，要求各地分类明确户口迁移政策，积极解决当地长期务工经商者落户城镇的问题，着力解决离农群体实际问题；并且明令禁止借户籍制度改革来非法征收农民土地的行为，保障农民合法土地权益。同年 5 月 16 日，《国家基本公共服务体系"十二五"规划》公布，明确提出"逐步实现基本公共服务由户籍人口向常住人口扩展"，"逐步将基本公共服务领域各项法律法规和政策与户口性质相脱离"。2013 年中央"一号文件"提出，要有序推进农业转移人口市民化，把推进人口城镇化特别是农民工在城镇落户作为城镇化的重要任务；加快改革户籍制度，落实放宽中小城市和小城镇落户条件的政策。2013 年 11 月，十八届三中全会通过《中共中央关于全面深化改革若干重大问题的决定》，提出加快户籍制度改革，按城镇规模分层次放开落户限制，逐步推进农村转移人口市民化，以及基本

---

① 在 2010 年中央"一号文件"中，首次正式使用了"新生代农民工"的提法，泛指在 20 世纪 80 年代和 90 年代出生的"80 后""90 后"农民工。

公共服务城镇常住人口全覆盖，有效保障离农进城农民享受平等待遇。2014年7月30日，中共中央政治局审议通过《关于进一步推进户籍制度改革的意见》，明确提出户籍改革要坚持规范有序、以人为本、因地制宜和统筹配套的原则，创新人口管理方式，对离农进城群体实行差别化落户政策，切实保障农村转移人口合法权益。2015年中央一号文件提出，现阶段不得将农民进城落户与退出土地承包经营权、宅基地使用权、集体收益分配权相挂钩。2016年中央一号文件提出，要把社会事业发展的重点放在农村和接纳农业转移人口较多的城镇，加快推动城镇公共服务向农村延伸。2016年国务院印发《关于实施支持农业转移人口市民化若干财政政策的通知》，强调建立健全支持农业转移人口市民化的财政政策体系，将持有居住证人口纳入基本公共服务保障范围，创造条件加快实现基本公共服务常住人口全覆盖。2017年中央一号文件提出，要完善城乡劳动者平等就业制度，健全农业劳动力转移就业服务体系，鼓励多渠道就业，切实保障农民工合法权益，着力解决新生代、身患职业病等农民工群体面临的突出问题。

从近年来一系列会议文件及政府政策中可以清晰看出，国家政策已经从管理调控离农群体有序转移，逐步过渡为做好服务保障工作，通过各项综合配套制度改革，消除离农群体转移进城的后顾之忧。新时期，不仅要促进离农群体从农村有序转移出来，还要做好其进入城市后的落户安居工作，实现真正意义上的农村转移人口市民化过程，推动新型城镇化更好、更快、更健康地发展。截至2015年末，中国城镇化水平已达到56.1%，中国农村转移人口离农发展正在迈出实质性步伐。2008~2015年中国农民工总量如表3-1所示。

表3-1　2008~2015年中国农民工总量

单位：万人

指标	2008年	2009年	2010年	2011年	2012年	2013年	2014年	2015年
农民工总量	22542	22978	24223	25278	26261	26894	27395	27747
外出农民工	14041	14533	15335	15863	16336	16610	16821	16884
住户中外出农民工	11182	11567	12264	12584	12961	13085	13243	—
举家外出农民工	2859	2966	3071	3279	3375	3525	3578	—
本地农民工	8501	8445	8888	9415	9925	10284	10574	10863

资料来源：国家统计局历年全国农民工检测调查报告。

第二节 中国农村转移人口离农进程的经验总结

纵观新中国成立以来农村转移人口 60 余年的离农进程，政策烙印无处不在。总体看，国家针对农村转移人口离农的政策也是由控制限制到允许流动、有序引导再到支持服务转变的过程，虽然中间偶尔出现逆转回流现象，但总体上中国农村转移人口离农进程还是取得了实质性进展。但在离农群体中出现的一些特点现象仍需引起注意：一是农村离农群体中兼业现象普遍，彻底离农的比重相对不高；二是以土地为主的财产权利处理成为离农群体关注的核心问题，也是政策聚焦的关键环节；三是离农群体普遍缺乏专业技能，多数从事低层次非农产业，影响其"出村进城"后的发展出路；四是绝大部分农村转移人口"离农"不"离权"、"弃耕"不"弃地"，不利于资源优化配置。这些现象表明广大农村转移人口离农的"不彻底"，即便已经转移到城市生产生活，但仍与土地有千丝万缕的联系，不愿放弃承包地经营权与宅基地使用权，不仅影响土地适度规模化经营和农业现代化进程，而且影响自身真正意义上融入城镇，更为重要的是影响经济社会二元结构向一元结构转变。据此，根据中国农村转移人口离农的进程和特点，可总结出下列具有现实意义的规律和启示。

一 促进兼业农户深度分化，实现主动离农

兼业农民是指既外出务工，又不放弃承包地上农业生产的群体，在城乡间"两栖流动""亦工亦农，亦城亦乡"是其典型特点，其非农异地就业行为在本质上是受经济利益驱动的短期化贴补家庭收支举动。多数研究认为农户兼业是一种稳定形态而非农民离开农业的一个过渡，非农和农业将长期结合[①]。农户兼业现象在世界各国普遍存在，1955～1986 年日本兼业农户比重从 65.1% 上升到 85.1%；1975 年德国的兼业农户比重为 55%；

---

① Kimhi, Ayal & Rapaport, Eliel, "Time Allocation Between Farm And Off-Farm Activities In Israeli Farm Households – 1995," Discussion Papers 15002, Hebrew University of Jerusalem, Department of Agricultural Economics and Management, 2001.

1969 年美国兼业农户的比例为 54.3%[1]。农户兼业同样也是中国经济与城乡结构新一轮双重转型时期的重要现象，其本身蕴含着劳动力流动、农业现代化、区域收入差距、城乡二元化体制、公平与效率、土地制度改革等一系列重大经济议题，吸引了不少国内学者对农户兼业行为的动因、效用及兼业结构演化进行理论与实证研究。虽然兼业经营是农户在基于土地、区位、人力资本、收入等要素的约束下为追求家庭收益最大化而做出的个人理性选择，但终究与城市化进程相悖。概括而言，兼业农户的存在不利于其承包的有限且碎块的土地流转集中进行规模化生产，影响农业现代化进程与农民收益提高。同时，由于土地束缚，该群体始终无法得到彻底解放，其融入城镇受到影响。据此，政府要在尊重农民主体地位的同时，做出实质性举措并辅以完善的财税政策来引导支持，着力促进兼业农户家庭成员整体非农就业水平提升与非农就业收入提高，推动其兼业结构升级，进而实现主动离农以降低兼业化的负面效应。

二 抓好农民就业技能培训，增强离农能力

纵观广大农村转移人口离农进程，绝大多数人口虽然离开了农业生产领域，转移进入城市，但始终从事缺乏技能的低层次非农工作，且主要集中在建筑、制造、餐饮、零售等城镇劳动密集型行业，生活水平普遍较低，社会地位普遍不高，生存状况难如人意，无法彻底融入城市生活。当前农民代际转型特征日益凸显，尤其是随着新生代农民工日益成为离农人口主要群体，其多数已不具备农业生产的意愿与技能，同时处于城市边缘区域，由于缺乏专业技能，难以早日实现市民化目标。据此，抓好离农群体就业技能培训工作显得格外迫切，政府要做好组织工作，利用"阳光工程""雨露计划"等农村劳动力转移培训平台，以刚完成义务教育的青年劳动力为重点人群，建立完整的农民工就业培训体系，引入企业、社会资本构建培训费用分担机制，整合职业教育资源，推广适用技术，保证培训实效，避免形象工程；尤其对于新生代农民工，要格外注重提升专业化技能水平与人力资本积累，加强后续就业指导，增强其离农能力，促使其早日成为城市就业队伍中的"正规军"与"主力军"。此外，政府仍要加强

---

① 曾福生：《中国现代农业经营模式及其创新的探讨》，《农业经济问题》2011 年第 10 期。

劳动力市场监管，为离农群体创造公平平等的就业环境，消除就业歧视和地方就业保护性壁垒，保障农民工合法权益。

三　落实转移配套制度改革，提升离农意愿

离农转移虽然深受政策影响，但终究是农民自身的主观选择行为，取决于其离农意愿是否强烈。政府今后要继续不遗余力地创造良好外部环境，加大户籍制度改革力度，消除城乡二元户籍制度障碍，实现城市基本公共服务常住人口全覆盖，保障离农群体进城后成功转户、平等享受各项基本公共服务和社会保障，从而提高其离农意愿。在对离农群体落实均等化公共服务的过程中，要特别注意"存量"群体与"增量"群体之间的关系，保证城市原住市民的福利待遇不被压缩，避免社会矛盾与政策摩擦，提高各项改革举措的科学性、可行性与可接受性。这本质上应是一个帕累托改进过程，一方面既要避免如北欧部分国家一般出现"高福利陷阱"；另一方面又要尽快补偿农村转移人口应享受的福利保障，这也正是政府推行户籍制度改革的重点和难点所在，需要政府科学合理地整合市场、社会、农户等各项资源。同时，针对农村转移人口市民化过程中日益凸显的住房问题，政府还要完善城市保障性住房供给制度，并探索创立农民工住房公积金体系，降低离农群体转移成本，多渠道、全方位、多元化地为离农群体解决安居问题。此外，还要提高财政投入力度，加快土地产权制度改革，继续完善农村土地流转市场，加大对专业大户、家庭农场、农民专业合作组织、工商企业等新型农业经营主体的扶持力度，推进离农群体承包地合理有序流转，探索宅基地退出机制，积极创新利益分享机制，保障农民土地财产增值性收益，既为其转移进城提供必要的物质基础，又解除其离农转移后的后顾之忧。简言之，相关政策措施要突出配套性与整体性，形成全局效应。

四　解除农民土地情感纠结，鼓励离农退地

虽然土地流转的盛行在一定程度上解决了农村转移人口离农后的土地经营问题，但土地始终是离农群体实现真正市民化的主要牵绊。离农群体始终拥有承包地的所有权与收益权，其权利受法律严格保护。长远看，这有碍于国家宏观规划建设以及新型城镇化整体推进。因此，对离农群体的

土地退出问题应予以重点关注。然而，中国农民长期依赖土地"安身立命"，退出承包地对于农村转移人口而言，不仅需要其对预期经济收益和机会成本做出权衡，而且需要一个社会心理博弈。政府今后要在思想上加以引导，一方面要为离农群体创造更多的非农就业机会从而削弱土地保障效用，降低土地持有黏性，解除离农群体在土地上的情感纠结，摒弃其故土难移的传统观念。另一方面要对有潜在退地需求的离农群体建立完善的退地路径与机制保障，鼓励其彻底退出承包地经营权与宅基地使用权；而对于更多尚未形成有效退地需求的离农群体，政府需要针对性地提供更多有利于其未来产生退地需求与倾向，并做出退地决定的外部公共产品①。据此，探索并建立新型土地退出机制、保障土地财产收益应成为下一步政府鼓励农村转移人口退出农地的关键。

五 规范有序引导离农转移，避免盲目推进

农村转移人口离农的最终目标是实现市民化，继而推进城镇化。通过分析中国农村转移人口离农进程的不同阶段可知，离农转移应是一个迂回式的渐进过程，决不可盲目推进，要把握好实践节奏，应遵循"离开土地开始非农化职业转移—退出土地实现城市化地域转移—实现完全意义市民化"的科学路径。否则，极易引起经济失调与社会失衡，继而激化矛盾。例如，1984年后过快的农村劳动力转移进城就引起城市经济结构失调，20世纪90年代后期出现的"民工潮"以及进入21世纪后出现的"民工荒"等供需乱象均体现出中国离农群体转移的结构失衡与盲目无序。现阶段随着新型城镇化快速推进，不少城市出于本位主义而盲目扩张，"吞并"城郊村庄却又"消化不良"，大量农村转移人口杂乱聚居，催生出诟病颇多的"城中村"，滋生一系列严重的经济社会问题②。巴西、墨西哥、阿根廷、印度等发展中国家和地区的经验一再表明，若失去土地保障，城镇化缓冲机制将不复存在，城市难免出现大量贫民窟，影响社会安定繁荣。据此，各级政府今后要注重区域经济协调发展，优化产业结构布局，制定政

---

① 张学敏：《离农分化、效用差序与承包地退出——基于豫、湘、渝886户农户调查的实证分析》，《农业技术与经济》2013年第5期。

② 陕西省发改委经济研究所课题组：《深入推进陕西城镇化中农村人口转移转化研究》，《经济研究参考》2013年第25期。

策时必须考虑国内外宏观经济环境以及城市综合承载力，规范离农群体进城转移渠道，分层次取消各级城市落户限制，充分尊重农民意愿以及市场机制对劳动力资源的基础配置作用；并适当引入中介机构、公益性组织等非政府民间部门建立就业信息服务平台，发布就业供需信息，根据区域人口承载功能有序引导农村转移人口离农。

第四章　农村转移人口离农进程的
国际比较与借鉴

农村人口转移是经济社会发展的客观规律，很多国家和地区早已经历此阶段，并积累了一系列丰富的经验与教训。探究其他国家和地区在农村转移人口离农这一重大经济社会问题上所做出的制度安排，对于加快中国农村转移人口离农有重要的借鉴意义。

第一节　国外农村转移人口离农的动因

一　发达国家和新型工业化国家农村转移人口离农的动因

（一）工业革命的兴起

近代以来，在工业革命影响下，工业主义迅速取代重农主义，成为思想领域的主流思维方式①。18 世纪中后期，英国在世界范围内率先开展工业革命，生产关系、阶级关系发生重大变革。随着生产要素集中和工业化推进，作坊制、家庭制、手工工厂制逐步走向消亡，工厂制登上历史舞台。一大批工业城市的建立推动了第二、第三产业迅速发展，为农村转移人口提供了大量非农就业机会。此外，城市的高工资、高福利和相对发达的文化娱乐设施等都形成强烈"拉力"，促使大量农村人口向城市迁移。

美国是一个人多地少、劳动力资源稀缺的国家，在工业化初期并未聚

---

① 王立新：《工业化问题研究范式的反思与重构：从工业主义到重农主义》，《史学月刊》
2006 年第 1 期。

集过多劳动力，城镇人口占全社会人口比重较低，1800 年仅为 6.1%，1830 年为 8.8%，1870 年也只为 25.7%。1790 年只有 5 个城市人口超过 1 万人，到 1870 年有 168 个城镇人口超过 1 万人，15 个城市人口超过 10 万人。但 1870 年后，移民浪潮将英国第一次工业革命的成果带到美国①，美国开始了以电力、钢铁、煤矿等先导产业为主的工业革命，并带动城市经济快速发展，吸引大量农村人口向城市转移。1860 ~ 1914 年工业部门从业人数由 130 万人增至 700 万人。到 1920 年，城市人口第一次超过农村人口，比重达到 51.2%。1950 年社会经济发展进入工业化后期，三次产业结构中第二、第三产业产值占 95% 左右，非农劳动力占 87% 左右，第三产业就业人数不断增加，超过 50%，城市化水平达到 64%。

　　德国在 1871 年统一之前，工业化和生产力水平有了很大发展，但进程相对缓慢；统一之后，资本主义迅速发展，为工业革命和工业化奠定了坚实基础。19 世纪 30 年代中期，工业革命开始在德国国内传播并不断扩展，凭借巨额战争赔款和占据丰富的煤、铁、有色金属资源，通过不断引入、吸收和改进英、法等国的先进科学技术和重要机器设备，其工业化水平向前迈进一大步。德国城市人口数量从 1816 年的 250 万人激增到 1895 年的 1300 万人；从 1891 年开始，城市人口比重开始超过农村人口，到 1900 年占全国人口的 54.4%。到 19 世纪末，德国仅历时半个多世纪便实现从农业化向工业化的过渡。20 世纪 50 年代后民主德国城市化率在 70% 至 80% 之间，至 1980 年超过英国，城市化率高达 92%。

　　日本在明治维新之前仍是传统农业国，1868 年第一产业人数占就业人数的 87.9%，第二产业只占 4.1%；明治维新之后，日本开始现代经济建设，1920 年日本城市人口占总人口的 18%，1940 年达到 35%。1875 ~ 1939 年农业劳动力年平均转移 3.5 万人，处于一种较低转移水平。第二次世界大战后，日本工业化进程加快，城市化率 1945 年为 28%，到 1955 年首次超过 50%，至 1960 年达到 63%，城市化率年均增速为 5% 左右。1965 ~ 1977 年是日本农业剩余劳动力迅速转移的重要时期，日本工业化于 20 世

---

① 1851 ~ 1860 年从欧洲到美国的移民为 248.8 万人，1881 ~ 1890 年增长到 473.7 万人，1901 ~ 1910 年更高达 821.3 万人，1851 ~ 1919 年平均每年迁入的移民为 39 万人，而同期美国人口自然增长的年平均数为 69 万人，从欧洲迁入人口与其自然增长人口之比为 56.5∶100。

纪 70 年代中期完成，1976 年日本城市化率达到 76% 并实现稳定，1996 年城市化率仅比 20 年前高出 2 个百分点[1]。

（二）农业技术的发达

诱致性技术进步理论认为，一国技术进步主要取决于该国资源的相对稀缺性，即比较优势，农业技术亦然。农业技术进步大致可分为两类，即机械性技术进步和生物性技术进步。借助于土地富饶、气候适宜、科技进步、水资源充沛等优势，美国在 1860 年实现以畜力为动力的半机械化，1910 年全面使用机械代替畜力机械，1950 年后实现农业高度机械化。1820 年，美国一个农民所生产产品仅供 4 个人消费；到 1920 年，供养人数翻一番；而到 1972 年，供养人数高达 52 个人[2]。农业机械的广泛使用大幅提高农业劳动生产率，进而使大批农业劳动力从农村土地解放出来，转向城镇就业，农业劳动力占经济活动总人口比例进一步下降。日本结合本国山地、丘陵众多且地块狭小分散的特点研制了各种与之相适应的农具机械，到 20 世纪 70 年代基本实现从耕作、插秧到收获的全面农业机械化。此后，农业机械在实践过程中逐步发展和完善，不仅表现在性能和耐用性上，作业环境也变得更加舒适。农业生产技术进步、劳动生产率提高、粮食等农产品产量增加，不断推进农村人口转移，满足了第二、第三产业对劳动力的增长需求。

（三）教育水平的提升

人力资本理论认为，人力资本在经济增长中的作用大于物质资本，人力资本的核心是提高人口质量，教育投资是人力投资的主要形式。发展现代农业必须拥有一支结构合理的农业科技人才队伍，必须重视各层次教育发展的合理性、科学性、系统性。自明治维新起，日本历届政府都十分重视教育事业，1980 年前后，日本初中升学比例已高达 94.2%，基本普及高中教育。日本在高中阶段还开设农、工、商等职业课程，加强高中生职业技术教育，培养较高素质国民。高中毕业的农村劳动力一旦转移到城市能够很快就业，并且对非农产业就业具有很强适应能力。换言之，日本农村人口向城市转移的成功在很大程度上取决于其国民素质提高。韩国教育的

---

① 樊纲等：《农民工早退：理论、实证与政策》，中国经济出版社，2013，第 162～168 页。
② 樊纲等：《农民工早退：理论、实证与政策》，中国经济出版社，2013，第 164 页。

合理发展也为农村人口向城市转移奠定了基础。第二次世界大战后,韩国对教育领域进行多次改革,不断增大教育事业投入,文盲率在 20 世纪 90 年代就降至 4% 左右,公共教育经费占 GDP 比重由 1950 年的 2% 迅速提高到 1984 年的 14%。此外,20 世纪 70 年代开始实施的"新村运动"在提高农村劳动力素质、培育外迁劳动者技能等方面同样效果明显。德国通过独特的职业教育体系也培养了一批高素质技术人才,有效促进了农村转移人口彻底离农。

(四) 政府政策的主导

政策为社会发展、人们行为规定行动目标,确立行动方向,使社会按照既定宗旨有序向前发展。发达国家在经济发展历程中,对农村转移人口离农都采取了不同的外部推动政策。美国政府的政策措施是农村转移人口加速离农的催化剂。自 20 世纪 60 年代起,美国政府便制定了加速农村转移人口离农的相关计划和法律,其中包括解决西部土地问题、加速向西部转移、加速实现农业现代化等措施。同时,颁布《人力发展与训练法》《就业机会法》等法规,为农村转移人口离农提供法律保障。日本政府在农村转移人口离农方面也扮演了重要角色,早在 1871 年便颁布《户籍法》,赋予日本国民居住自由、迁徙自由和择业自由等一系列权利,并在之后不断进行法案修订。20 世纪 70 年代后,在工业和农业、城市和农村协调发展的纲领下,当经济增长速度放缓后,日本政府颁布了《农村地区企业导入促进法》,通过兴建各类产业集聚区,带动和鼓励小农户脱离农业,吸纳大量劳动力转向非农产业领域。英国早在 1865 年便通过《联盟负担法》,消除人口流动的户籍制度限制。第二次世界大战后建立的"从摇篮到坟墓"社会保障制度和"农工综合体"制度极大促进了农村转移人口离农。这种通过外部激励来补偿心理成本的方式是提高效率、产出的必要选择。德国颁布的《职业自由法》和《迁徙自由法》为劳动力自由流动和自由择业提供了法律保证,为德国推动工业化和城市化发展奠定了制度基础。

二　发展中国家农村转移人口离农的动因

(一) 印度:工业体系建立和工业化发展

纵观印度独立后的农业发展史,可知其农村转移人口离农速度十分迟缓,即便在 20 世纪 60 年代以来工业化水平不断提高的情况下,农村人口比重一直在 70% 以上,农村人口转移几乎处于停滞状态。但是,从转移数量看，农村人口向城市地区转移的进程一直没有间断。印度农村向城市地区转移人口在1951~1961年期间为871万人，1961~1971年期间增至1030万人，1971~1981年期间再增至2309万人，1981~1991年期间更增至7000万人[①]。推动印度农村转移人口离农的原因是印度独立后工业体系的建立和工业化的发展。经历1950~1965年工业化进程后，印度工业化发展取得了令人瞩目的成就，主要表现在以下两个方面。一是基本建立门类齐全的工业化体系。印度在工业化道路上虽历经曲折，但截至1965年，印度已大致建立起大型工业集团与中小企业、新型工业与传统工业并存的工业体系，涉及钢铁、化工、冶炼、制造、电子、信息等众多领域，许多部门由弱变强，产值逐步提升，成为农村人口转移就业的"蓄水池"。二是工业生产长足发展，实力显著增强。印度自1956年实行优先发展重化工业的发展战略，钢铁、水泥等基础重工业发展迅速，产量保持连续增长势头，机械行业在政府政策扶持下也在工业部门中扮演着举足轻重的角色。

（二）巴西：土地分配制度不公

较之其他亚非殖民地国家，巴西较早获得主权独立，具有根深蒂固的城市传统。第二次世界大战后，巴西经历了大规模移民潮。据统计，20世纪50年代约有700万名农村人口转移到城市。大量农村人口离农与土地制度密切相关，主要表现为土地高度集中。巴西大地产制形成于殖民统治时期，历经几个世纪发展，最终占据统治地位。全国大部分土地集中在大庄园主、大农场主手中，土地占有的不平等导致大量农民拥有少量土地甚至没有土地，广大无地或少地农民只得承受劳役地租、实物地租等不同形式的剥削，处境艰难。历史上，巴西无地农民也曾为争取土地发动了声势浩大的农民起义，如卡奴杜斯农民战争。土地过分集中、农民无地少地阻碍和破坏了农业生产力发展，拉大了社会贫富差距，这种局面直到21世纪仍无较大改观。2003年巴西土地占有结构是：面积低于10公顷的农户占全部农户的31.6%，所拥有土地占全部土地的1.8%；而面积超过2000公顷的农户只占农户总数的0.8%，所拥有土地占全部土地的31.6%[②]。

---

① 冯胜：《印度农村劳动力转移问题及其对我国的启示》，《南亚研究季刊》2009年第3期。

② 韩俊、崔传义：《巴西城市化过程中贫民窟问题对我国的启示》，《中国发展观察》2005年第6期。

第二节　国外农村转移人口离农的方式

如上所述，不同国家农村转移人口离农的动因不尽相同。在特定历史发展阶段，一国国情、国际经济发展环境、国内宏观经济政策、大势力集团干预、农户心理感知等都在一定程度上决定各类离农方式的特点。

一　英国：借力于圈地运动

英国圈地运动始于中世纪后期，是西欧圈地运动中最典型也最引起学术界关注的历史现象。当时，由于羊毛手工业蓬勃发展、羊毛价格上涨和新航路开辟，羊毛制品需求激增，在利益强烈刺激下，英国贵族和庄园主开始大规模圈占土地，开办牧场，从事羊养殖业。圈地运动首先从强占牧场、森林、池塘等公共用地开始，后来扩大到强占农民耕地，使得直接生产者与生产资料相分离，土地所有权更加集中，自产自销的农业生产模式被瓦解，农村原有的社会结构与生态结构开始解体，形成市场化、企业化经营的私有大牧场和大农场。这是新兴资产阶级对古老农民阶级在土地上所进行的残酷驱赶，大量农民背井离乡流向城市，从事工业及服务类行业的工作。换言之，英国圈地运动引发了农业革命且推动了工业革命，为英国工业发展必需的自由劳动力市场创造了条件，为工业革命提供了主要劳动力来源[1]，并对近代世界经济发展产生了深远影响。

二　美国：自发性、永久性转移

美国农村人口转移从 19 世纪初期持续到 20 世纪中期，历经一个半世纪。美国工业化进程中，农村人口自发向非农产业转移。美国自然资源丰富，尤其是土地资源富饶，人少地多，在完成工业革命后，生产力发展水平显著提升，农业机械化的实现促进了农业生产率提高与大规模农场出现。伴随着城市发展，工资水平、基础设施建设、管理服务等都极大地推动了农村转移人口离农，并且转移人口能够很好地被工业和服务业吸纳。

---

① 　沈玉：《论英国圈地运动与工业革命的劳动力来源》，《浙江大学学报》（人文社会科学版）2001 年第 1 期。

美国农村人口转移从整体看是永久性转移，成千上万的家庭离开农村后都永久定居城市，某些工业发展较快的城市人口增长率达到100%以上，甚至是300%。

三　德国、巴西、韩国：短期内集中迁移

德国是农村人口离农历程较短的国家之一，其工业化和城市化同步发展、相互促进且交通条件日益改善，致使转移的集中度较高、速度较快、规模较大，在城乡融合上极具代表性。德国农村居民和城市市民享有同等社会权利和义务，农村人口转移到城市几乎不存在社会障碍，因而能较快融入城市，适应城市生活。随着19世纪80年代之后一系列社会保险法令出台，德国成为世界上第一个实现现代社会保障制度的国家。1870～1920年，德国两千多万名农业劳动力进入非农业部门就业，近三千万名农村人口由农村居民转变为城市市民[①]。巴西农村人口转移也集中在较短时间内。第二次世界大战后，巴西实施"进口替代"发展战略，工业化、城市化飞速发展，人均GDP从1960年的1049美元迅速增长到2000年的3578美元，创造了"巴西奇迹"。在1950年后的20多年间，城市化的优越性对农村人口产生强烈吸引力与号召力，巴西农村人口急剧转移到城市，从事第二、第三产业，居住在城市的人口比重从20世纪60年代初的44.7%增长到20世纪80年代末的接近70%，巴西在1970年首次实现城市人口超过农村人口，成为目前发展中国家城市化水平最高的国家。1962年韩国实行的第一个经济发展计划标志着韩国工业化进程开始。随着工业化发展，大量农村劳动力转向非农产业，从1960年到1985年，再到2000年，韩国城市化水平从28.3%依次提高到74%与82%[②]。韩国依靠以电子、制造等劳动密集型产业为重点的发展战略来保证城市人口就业，在合理利用国外贷款的同时也创造了更多就业岗位，推动农村人口转移至就业机会更多的大中城市。

四　印度：利用农村工业化

印度同样是发展中农业大国与人口大国，298万平方公里的国土承载

---

① 蒋科：《工业革命时期德国劳动力转移的特点》，硕士学位论文，重庆师范大学，2012。
② 樊纲等：《农民工早退：理论、实证与政策》，中国经济出版社，2013，第171页。

着 12.59 亿人（2013 年）。实践中，印度在实现农村工业化，促进人口在农村地区内部转移方面取得了一定成效。20 世纪 70 年代，针对农村经济社会发展滞后、贫富差距过大、城市吸纳劳动力就业能力不足等问题，印度结合本国国情和经济发展所处阶段，重新选择了在农村大力发展传统手工业和现代小工业的道路，将工业分散到农村地区。政府通过出台保障农村工业实施的各类优惠政策，充分调动了农民生产积极性，农村工业部门就业率显著提升。这有力验证了农村工业化在减少农村贫困问题上所具备的巨大潜力，也促进了地区之间的均衡发展。

五 日本：农村城市化和农业现代化同步推进

进入 20 世纪后半叶，随着经济高速发展，日本城市化进程开始快速推进，政府大力推动土地流转与规模经营，大量农村人口从农业转移出来并被非农产业吸收。尽管工业为国家创造并积累了巨额财富，但曾经遭遇过的粮食危机致使日本政府始终不敢放松农村和农业发展，在亚洲率先走出农村城市化和农业现代化同步推进的道路。针对农村出现的"过疏化"现象，日本政府一方面加大农村投资力度，除农业基础设施建设外，还以补贴形式直接增加农户与农民专业合作组织的投资能力，农业机械普及促进土地生产效率提高，加速农村发展；另一方面扶植农产品加工流通、小型机械制造等农村传统工业，鼓励有能力的企业家创办新型农村工业。在产业结构转变过程中，日本逐渐实现城乡一体化、工农一体化，并成为举世瞩目的经济强国。

第三节 农村转移人口离农的经验及借鉴

离农不仅是简单地把农村人口转移到城市，背后更牵涉一系列重大的社会经济关系问题，包括离开农村后土地归置、离农补偿和进城后就业问题、公平的公共服务和社会保障等。据此，研究发达国家、新型工业化国家和发展中国家农村转移人口离农的方式，总结出具有共性和规律的经验教训，将为当前中国农村转移人口离农的路径选择提供有益启示。

一 发展中国家农村转移人口离农的经验及借鉴

(一) 巴西

巴西农村人口虽然在较短时间内转移到城市，并且实现农业现代化快速发展，但是巴西离农人口转移到城市后面临的失业、贫困等问题至今仍然存在，过度城市化问题成为经济社会发展的重大桎梏，也为理论研究提供了重要经验证据。

1. 失业问题

巴西自对外开放后，失业率一直居高不下。究其根源，在于忽视劳动力资源比较优势，盲目发展资本密集型产业。在巴西经济发展过程中，廉价劳动力被"排斥"在外，人力资源优势没有得到充分发挥。科学技术进步对就业人员的素质和质量提出新要求，而大量农村转移人口的科技文化素质和劳动技能没有紧跟社会发展的步伐和需求，因此造成劳动力市场供求不匹配，失业问题愈发尖锐。

从扩大就业角度考虑，中国作为劳动力过剩的发展中人口大国，应首先发展房地产业、基础设施建设、交通运输业、加工制造业等劳动密集型产业，使其成为吸收文化程度低、劳动技能不高的劳动者的主要途径，将经济发展的指导思想由增长优先转向就业优先。高资本、高技术密集型产业虽然具有一定竞争优势，但创造的就业岗位相对较少，尤其是在教育水平较落后阶段，企业需要的高素质人才匮乏，就业率难以提高。根据相关统计，截至 2015 年，全国接受大专以上教育人群的比重仅占总人群的13.3%[1]。据此，下一步应加大教育领域投资力度，培育各类专业人才。国际竞争归根到底是人才竞争，培养人才的关键取决于一国教育发展水平。针对劳动力市场供求结构不匹配的问题，政府应加强对教育领域的投资力度，培育各类人才，既要高度重视基础教育，提高农村学校的软硬件设施建设，又要开展成人教育和职业教育，加强农民职业培训，尤其鼓励有文化、懂技术、会经营的农村精英群体积极接受各类职业技能培训。

2. 贫困问题

巴西因收入分配不均、贫富差距过大、社会矛盾激化等问题而"世界

---

[1] 国家统计局：《中国统计年鉴 2016》，中国统计出版社，2016。

闻名"。据联合国发展计划署统计，巴西20%的最富有者占有国民收入的63.8%，20%最贫困者仅占有国民收入的2.5%，基尼系数在2009年还维持在0.509的高水平。高度集中的大地产制导致农民缺乏最基本的生存保障，"人无地种"迫使农民背井离乡，加之城市就业困难，转移到城市的农民基本无收入来源与固定居所，生存在被称为"法维拉"的贫民窟中，贫困问题由此显现并呈现愈演愈烈之势。

中国当前贫富差距过大的现象同样突出。实践表明，消除贫困和缩小贫富差距仅依靠市场机制作用无济于事，国家应积极运用再分配等手段来发挥宏观调控作用。政府的重要职能体现在解决贫困阶层的社会保障和收入分配两极分化问题上，政策向贫困阶层倾斜有助于经济良性发展。一方面，政府要出台完善的社会保障制度，增强贫困阶层所处行业与政府讨价还价的能力，尤其是改善农民工生存环境；另一方面，政府在力所能及的范围内，可以在养老、医疗、住房、教育、卫生、文化等消费领域适当向贫困收入群体倾斜，减免相应费用，将政策落到实处，为农民工市民化扫清制度障碍，让公共财政的阳光普照大地。

3. 过度城市化问题

巴西农村人口在短时间内转移到城市，致使城市化率长期居高不下。1970年以后在人口自然增长率不显著的状态下，城市化率均在50%以上，但转移到城市的居民并没有真正融入城市，也没有享受城市所提供的各类公共服务和社会福利。换言之，巴西的城市化是一种过度城市化、"伪城市化"，是一种注重"数量"而忽视"质量"的城市化，是一种具有严重"后遗症"的不可取模式。过度城市化导致如交通拥堵、环境恶化、水电紧缺、住房紧张、医疗不足、教育有限、食物匮乏、生存空间限制等一系列"城市病"，降低人们的生活质量与幸福指数。更为重要的是，过度城市化给巴西带来数量巨大的贫民窟，除阻碍巴西经济进一步发展外，还影响下一代人发展，甚至影响社会安定。圣保罗、里约热内卢等巴西特大城市的犯罪率在全世界都居于前列。

如上所述，巴西农村转移人口离农实践失败的主要原因在于人口城市化优先于经济城市化，造成城市承载力难以与之相匹配。中国农村转移人口离农工作必须吸取巴西教训，采取有序推进模式。"有序"既是一个战略要求，也是一个战略决策。根据国务院发展研究中心课题组的模拟预测，到2020年农村转移人口的总规模将在3.2亿人左右①。为实现数以亿计的农村转移人口顺畅、稳妥、健康地离农，必须在深层次宏观把握的前提下，再有针对性地微观突破。一方面，农村人口离农是一个系统的巨复杂工程，是一个涉及多环节、多部门、多领域，综合性，集成化的工作，既要顾及农民意愿，也要考虑城市承载能力。另一方面，农村转移人口离农既要"瞻前"也要"顾后"。"瞻前"是指农民具有转化成市民的意愿，并在城市有安身立命之所；"顾后"意味着妥善处理承包地、宅基地、集体财产等权益和享有公平平等的社会福利及公共服务。中国农村转移人口离农工作必须做到位、做细致、做扎实，尤其是土地处理机制，要防止类似巴西的过度城市化问题，坚决杜绝"贫民窟"现象产生。此外，一定要坚持大中小城市并举的战略，统筹规划城乡布局，使各地区经济趋向平衡发展。在重视城市发展的同时千万不能忽视农村经济发展，在农村可以适当发展传统手工业和现代服务业，加强基础设施建设也可以促进农民就业，提高农民生活水平与生活质量。

(二) 印度

从印度近代发展史看，尽管经济增长的突出特点是服务业快速发展，近年来服务业占GDP比重都在50%以上，但农村转移人口不能有效流向城市工业和服务业。2011年印度农村人口占总人口的比例为71.42%，较1991年的74.28%下降了不到3%，充分说明印度农村人口进入城市遭遇到较大阻力。即便有部分农村人口转移到城市，但由于缺乏足够生存能力，也沦落为孟买、加尔各答、金奈、新德里等大城市边缘地带的贫民。究其根源，一是农业发展落后，生产效率低下。印度拥有丰富的土地资源和优越的自然条件。国家独立后，由于土地改革效果不甚理想，加之传统种姓制度存在，至今仍然存在不平等的农业雇佣关系，备受理论界诟病。由于土地分配不均，拥有极少土地的劳动者沦为农业雇佣工人，生活异常艰苦。同时，印度农业生产方式落后，仍停留于传统农业阶段，现代生产工具和物质要素投入不足，更勿论经营管理与产业体系的现代化，这极大制约了农业发展和生产效率提高。此外，农场主借助雇佣关系对农民进行

---

① 余传杰：《农业转移人口市民化：机制完善及制度创新》，《中州学刊》2004年第3期。

残酷剥削，巨额租金也不利于改进农业生产方式。二是工业化发展战略失衡，重、轻工业比例严重失调。印度虽然在独立后实行公私并存的混合所有制经济，但国家对私营经济的管制较多，使其发展受到很大抑制，长期发展缓慢。从第二个五年计划开始，由于受苏联模式影响，印度政府强调优先发展重工业，资金大多投向重化工业和基础工业。20 世纪 90 年代以来，印度经济政策重点依然是发展新型电子、软件、石油化工等资本密集型产业，虽有助于国民经济增长，但这种发展战略偏离了印度人口多、底子薄的国情和急需发展农业和轻工业的实际，降低了农村人口向城市工业转移的预期。由于忽视农业在经济发展中的重要地位，加上"重视重工业、轻视轻工业"的发展战略，印度在城市化和工业化道路上的发展严重受挫，但其在 20 世纪 60 年代实行的绿色革命和缓解农村贫困的专项计划等行为，仍然有很大借鉴意义。

1. 农业发展新战略：绿色革命

20 世纪 60 年代，针对农业发展落后所导致的粮食产量低、无法保证国内需求的现实困境，印度政府实施了以研发推广应用农业新技术为标志，以提高农产品产量、实现粮食自给为目标的综合农业技术革命。绿色革命通过推广优良品种，发放优惠农业贷款、农业补贴，实行机械化集约化生产等措施为农民带来福音，取得了显著成果。印度粮食总产量从 1950 年的 5500 万吨上升到 1965 年的 8936 万吨，并继续上升到 1999 年的 1.95 亿吨[1]。农业生产力迅速提升，对劳动力需求不断增长，同时也带动农业产业链及非农产业发展，为农村居民创造了更多就业机会。

2. 推行缓解农村贫困的专项计划

印度政府为缓解农村贫困问题也做出一系列尝试和努力，其中，就业培训计划、建立和完善非正规部门的社会保障制度、立法保障农民工的合法权益等措施在具体实践中取得良好效果。就业培训主要针对农村劳动力提供养殖业、种植业、水产业、农村工商业、观光休闲业等知识，帮助农村劳动力减少失业，增加农民务农收入。针对在非正规部门就业的劳动力，政府和非政府组织从教育、医疗、卫生、养老、失业、社会救助等方面为其提供社会保障。政府出台的《最低工资法案》《邦之间流动农民工

---

① 宋志辉：《印度的农业发展及对我国的启示》，《农村经济》2009 年第 4 期。

法案》等法案对农民工的工资待遇、雇佣条件、服务项目等都做了具体规定，有利于规范企业用工行为。

二 发达国家和新型工业化国家农村转移人口离农的经验及借鉴

欧美发达国家在本国发展过程中，将本国国情与工业化、城镇化一般规律相结合，科学择定正确的经济发展战略，充分挖掘农业生产潜力，顺利完成农村人口大规模转移离农，有效实现工业化和比较优势升级。第二次世界大战后，日、韩等新型工业化国家也相继走上工业化与城市化的发展道路，农村转移人口离农进程不断有序推进。同时，这些国家在促进农村、农业快速发展，维护国家经济平稳、协调发展等方面也取得巨大成就。1958年德国农业就业人口占劳动力比重为16.9%，法国为23.7%，意大利为34.9%，英国为4.4%；到2007年，德国该比重为2.2%，法国为3.4%，意大利为4%，英国为1.4%。

（一）重视"三农"发展

农业既是国民经济中最基本的物质生产部门，也是其他产业兴起和发展的基石，更是人类社会生存发展、稳定的基础。美、英、德、日、韩等国几乎都是通过工业反哺农业、城市反哺农村的方式，较好地解决了农业、农村和农民问题。例如，美国的"精确农业"根据特定地点，管理农场作物生产投入；英国从轻视农业转为重视农业，在第二次世界大战后花费15年左右的时间实现农业现代化；德国重视农业合作社建设，大力发展生态农业；日本"国民经济倍增计划"付出巨大精力和财力解决"三农"问题，并通过农协等组织推动现代农业发展；韩国"新农村运动"改善农村公路，推广高产水稻品种，增加农民收入。据统计，2004年世界主要经济体中，欧盟对农场生产支持达1334亿美元，占整个农场收入的33%；美国对农场生产支持达465亿美元，占整个农场收入的18%；加拿大对农场生产支持为5.7亿美元，占整个农场收入的21%[①]。

中国政府始终高度重视"三农"问题，经过坚持不懈努力，已经取得巨大发展成就。然而，粮食安全、农产品竞争力、重要农产品价格形成机

---

① 纪志耿：《中国粮食安全问题反思——农村劳动力老龄化与粮食持续增产的悖论》，《厦门大学学报》（哲学社会科学版）2013年第2期。

制、农业社会化服务体系、农业产业化建设、土地综合整治、农业面源污染、农业科技推广、农业生态补偿、土壤自然肥力减弱等种种关乎农业生产，乃至国家安定的不利因素依然存在，引起决策层高度关注。现阶段，应当把政府顶层设计和农民群众的主观能动性充分结合起来，贴近基层，尊重民意，制定明确、具体、可行的目标，针对"三农"存在的各种现实问题实施针对性措施，并且确立高效的执行监督机制以保证政策有效贯彻实施。

（二）工业化、城市化、农业现代化协调发展

纵观发达国家农村转移人口离农历程，农村转移人口离农不但能够促进工业化和城市化发展，而且能进一步促进农村非农化、农村城市化，促进乡村文明向城市文明转变，缩小城乡之间差距。如此，便会出现工业化、城市化、农业现代化和农村转移人口离农良性互动发展的局面。欧美发达国家的实践表明，没有大规模工业化，就没有高水平城市化。发展工业及相关部门产业能提高城市化水平，也能扩大城市经济对农村经济的辐射区域和对农村人口的"拉力"效应。工业化、城市化发展也推动农业机械化和农业现代化，提高劳动生产率、土地产出率与资源利用率，促使更多农村人口转移到非农部门。

目前，中国正处于经济社会加速发展的重要战略时期，工业化、城镇化是支撑经济持续增长的主要动力。工业化主要创造就业岗位，城镇化主要扩大总需求。城镇化是扩大内需的最大潜力所在，也是未来最大的经济增长点。然而，由于在工业化和城市化进程中，大量农民工进入城市后不能享有同城市市民一样的社会福利和公共服务，因此其消费能力便在某种程度上受到限制，产生巨大供需缺口，导致工业化与城市化出现严重脱节。据此，要推进真正意义上的城镇化，需实现工业化和城镇化良性互动、城镇化和农业现代化相互协调，加快推进农村转移人口离农进程。

通过对国外农村人口转移经验的分析，可知"以人为本、立足农业、先富后转"的转移模式非常重要，只有立足于新型工业化、新型城市化、农业现代化同步发展，才能稳步推进中国农村转移人口离农。这要求政府实施一系列相关的配套改革，在制度设计和政策制定上给予支持和保障。具体而言，拓宽就业渠道，大力发展农村非农产业和第三产业，在小城镇创造更多的新增就业岗位；加强农村正规的职业技术教育和培训工作，提高农村转移人口的整体素质和知识技能，增强其在城市就业生存能力；积极发展现代农业，大力推广应用农业科技，优化农业产业结构，培育新型农业经营主体，提高农业内部吸收和消化劳动力的能力；加强农业和农村基础设施建设，扩大农村就业空间，增加农民收入；健全农业生产资料市场与农产品市场，营造一个公平、公正、合理的市场环境。如此，才能确保农村转移人口离农事业顺利开展。

第五章　中国农村转移人口离农机制构建

中国是个发展中的农业大国与人口大国，农村转移人口数量已经远超历史上任何一个常规经济体的劳动力总量，而且增长比例保持稳步提升，其离农更是一项极其复杂的系统工程。大量证据表明，能否合理有序地推动农村转移人口离农，对于促进农村土地适度规模化经营、提升农业产值、保障粮食安全与农产品有效供给、提升农民经济收益具有重大的战略意义；同时这也是有序推进新型城镇化、新型工业化、农业现代化和信息化同步发展的必然选择，是全面深化改革的基本前提。当前，农村人口大规模转移已经和正在成为中国最普遍的经济社会现象，任何经济社会问题都必须置于此背景下进行考察和判断。然而，转移有别于迁居，撤农不等同于离农，针对农村转移人口"移而不离"的客观现状，有必要积极鼓励其在思想观念上由单纯外出务工上升到适机进城定居，并助推其从职业到身份的全方位离农，因此科学、合理的离农机制不可或缺。

第一节　农村转移人口离农的问题透视

改革开放后，中国所奉行的低成本工业化之路虽然破解了经济总量快速扩张的效率难题，并且化解了农村剩余劳动力的就业问题，但其对国民经济增长的推动效应已到达"临界点"。随着经济发展格局调整与经济发展方式转变，为形成新的经济增长点，城镇化被理论界与实践界赋予更多关注，而逐步把符合条件的农村转移人口转变为城镇居民正是其核心内涵。值得关注的是，由于现存户籍制度、农村土地制度、金融制度、劳动力市场制度、教育培训制度、住房制度、社会保障制度及相应财政配套制度等约束，农村转移人口离农事业任重道远，突出反映为离农时机尚不成熟，集中体现在离农条件仍不具备，亟须相关政策指引并为后续离农机制的整体构建提供逻辑起点与设计主线。

一 退农意愿低下："离家"不"离权"，"弃耕"难"弃地"

实践表明，中国农村转移人口在当前社会流动中选择永久性退出农村和农地的比率极低，即便是已在城市购房、有固定工作和稳定收入的群体的退农意愿也不强烈，"家中有地，进退有据"是其真实观念。中国社科院的一项研究显示，八成受访农民工表示不愿放弃农村户口。重庆市的一项调查表明，350 名农民工中只有三成愿意放弃农村土地以获取城市户口①。张翼通过对 2010 年全国性调查数据的统计分析发现，绝大多数农民工不愿意转变为非农户口；若被要求交回承包地，只有 10% 左右愿意转为非农户口②。郑兴明 2011 年对 425 名农民工的问卷调查显示，在无提示补偿情况下，农民工基本不愿意退出农地，即便是在有提示补偿情况下，退地农民工的比例也仅为 53.7%③。2009 年 6 月，洛阳下发《关于鼓励农民转市民进城定居的实施意见》，鼓励农民自愿放弃土地承包经营权和宅基地使用权，但在先期试点实施的偃师市，70 万名农民中只有 161 户愿意"双放弃"，且 50% 以上来自山区④。在此背景下，农村转移人口"离家"不"离权"、"弃耕"难"弃地"成为更为普遍的现象。究其根源，主因有二。一是农村人口长期被排斥在以城市为主体的传统社会保障体系之外，土地财产权利几乎是其心目中与现实中唯一的家庭生存保障，难以彻底割舍。据此，部分学者基于发展经济学宏观范式，将兼业视为城乡二元结构下农村劳动力非农就业的特定形态⑤。黄宗智的解释更加具有代表性：

---

① 《中国社科院研究显示，八成受访农民工表示不愿放弃农村户口》，《环球日报》2010 年 12 月 2 日。
② 张翼：《农民工"进城落户"意愿与中国近期城镇化道路的选择》，《中国人口科学》2011 年第 2 期。
③ 郑兴民：《中国城镇化进程中的农民退出机制研究》，人民出版社，2012，第 113 页。
④ 路治欧、夏继锋：《洛阳"双放弃"新政调查》，《东方今报》2009 年 11 月 17 日。
⑤ 梅建明：《工业化进程中的农户兼业经营问题的实证分析》，《中国农村经济》2003 年第 6 期；贺振华：《农户兼业的一个分析框架》，《中国农村观察》2005 年第 1 期。

在统筹城乡发展尚需时日、经济发展水平相对有限、小农意识依然浓厚的时代背景下，农民将继续维系"半工半耕"制度，即人多地少的过密型农业因收入不足而迫使人们外出打工，而外出打临时工的风险又反过来迫使人们将家里的小规模口粮地作为保险①。二是伴随着城镇化进程加快的大规模征地活动，使得农村土地尤其是城乡接合部土地与城中村土地具有很大增值空间，广大农民表现出既"厌农"又"恋农"的情感纠结，即感性上虽不情愿再以农地为谋生的必要工具，但理性上仍难以割舍农地"最后"能给自身及整个家庭带来的经济收益。特别是国家近年来为保障退地农民利益，更加强调在征地过程中要给予农民充分的利益补偿，这在无形中也增加了农民对农地经济回报的期望。

二　移居观念淡薄："务工"并"务实"，"进城"非"留城"

中国农民有浓厚的"叶落归根"理念，多数外出务工人员简单地将外出务工视为受经济利益驱动的短期化贴补家庭收支举动。随着年龄增长，农民外出务工的就近程度明显增强，远离家乡的特征明显减弱，并未心存强烈的移居城市，尤其是大中型城市的欲望，充分体现出其"务实"的心理。此外，由于国家不断强调区域协调发展，并相继出台西部大开发、"中部崛起"、振兴东北老工业基地等重大战略，因此家乡经济社会发展水平的不断提高也在很大程度上促使其回流创业或就近务工。某种意义上，农民以往外出务工的重要诱因便是就近务工的机会有限与条件不佳，一旦返乡就近务工收入与外出务工收入差距在可接受范围之内，农民返乡意愿将大幅度提高。樊纲等通过大量实证分析，验证了农民工存在"早退"的事实，即农民工因城市不为他们提供社会保障与社会福利而难以在城市定居而过早地退出城市劳动力供给市场、退回农村的现象，主要表现为城市里很少有"老农民工"，农民外出打工时间短，农民工平均年龄小，农村存在一批有外出打工经历的中年农民②。2008 年以来外出农民工跨省流动比重不断下降，至 2011 年开始低于省内流动比重（见表 5-1）。有专家指

---

① 黄宗智：《制度化了的"半工半耕"过密型农业（上）》，《读书》2006 年第 2 期。
② 樊纲、郭万达：《农民工早退：理论、实证与政策》，中国经济出版社，2013，第 13 页。

出，大多数农民工挣钱的目的只是维持不贫不富的生活状态[①]。由此可见，一般意义上农民外出务工的所谓"挣大钱"只是一种相对于务农的低收入行为，性质仍停留在增收层面，农民心存"适可而止"的朴素心理。本研究调研过程中亦针对"您外出务工除增加收入外，最主要原因是什么"这一问题进行询问，在专门设置"除增加收入"这一前提的基础上，仍有高达63.7%的样本人群回答"只为增加收入"，"家里农活少""离开农村""出门学技术""开阔眼界"等选项分别只有13.7%、8.1%、9%、11.3%的人选择。这充分反映了农村转移人口外出务工动机相对单纯。同时，由于当前较低的城市承载率，农民工在提高最低工资水平、改善社会保险、获得保障性住房、改善医疗条件、改善工作和生活环境、加强权益保障、改善子女教育条件、提高职业技能等方面仍具有强烈的利益诉求[②]，源于人力资本匮乏的"集体行动困境"也阻碍了农民工退出农村融入城市的步伐。2015年以受雇形式从业的农民工，在单位宿舍居住的占28.7%，在工地工棚和生产经营场所居住的占15.9%，租赁住房的占37%，乡外从业回家居住的农民工占14%，在务工地自购房的农民工仅占1.3%（见表5-2）；外出农民工全年外出从业时间平均为10.1个月，平均每月工作时间为25.2天，平均每天工作时间为8.7个小时，日工作超过8小时的农民工占39.1%，周工作超过44小时的农民工占85%（见表5-3）；外出农民工人月均收入仅3359元（见表5-4）。

表5-1 外出农民工流向

单位：万人，%

指标	2008年	2009年	2010年	2011年	2012年	2013年	2014年	2015年
外出农民工	14041	14533	15335	15863	16336	16570	16821	16884
跨省流动	7484 (53.3)	7441 (51.2)	7717 (50.3)	7473 (47)	7647 (46.8)	7739 (46.6)	7867 (46.8)	7745 (45.9)
省内流动	6557 (46.7)	7092 (48.8)	7618 (49.7)	8390 (53)	8689 (53.2)	8831 (53.4)	8954 (53.2)	9139 (54.1)

资料来源：国家统计局历年全国农民工检测调查报告。

---

① 白南生、何宇鹏：《回乡，还是进城？——中国农民外出劳动力回流研究》，李培林编《农民工——中国进城农民工的经济社会分析》，社会科学文献出版社，2003，第4~30页。
② 国务院发展研究中心课题组：《农民工的八大利益诉求》，《发展研究》2011年第12期。

表 5 - 2　外出农民工住宿情况构成

单位：%

指标	2008 年	2009 年	2010 年	2011 年	2012 年	2013 年	2014 年	2015 年
单位宿舍	35.1	33.9	33.8	32.4	32.3	28.6	28.3	28.7
工地工棚	10.0	10.3	10.7	10.2	10.4	11.9	17.2	11.1
生产经营场所	6.8	7.6	7.5	5.9	6.1	5.8		4.8
与他人合租住房	16.7	17.5	18.0	19.3	19.7	18.5	36.9	18.1
独立租赁住房	18.8	17.1	16.0	14.3	13.5	18.2		18.9
务工地自购房	0.9	0.8	0.9	0.7	0.6	0.9	1	1.3
乡外从业回家居住	8.5	9.3	9.6	13.2	13.8	13	13.3	14
其他	3.2	3.5	3.5	4.0	3.6	3.1	3.3	3.1

资料来源：国家统计局历年全国农民工检测调查报告。

表 5 - 3　外出农民工从业时间和强度

指标	2010 年	2011 年	2012 年	2013 年	2014 年	2015 年
全年外出从业时间（月）	9.8	9.8	9.9	9.9	10	10.1
平均每月工作时间（天）	26.2	25.4	25.3	25.2	25.3	25.2
平均每天工作时间（小时）	9	8.8	8.7	8.8	8.8	8.7
日工作超过 8 小时的比重（%）	49.3	42.4	39.6	41	40.8	39.1
周工作超过 44 小时的比重（%）	90.7	84.5	84.4	84.7	85.4	85

资料来源：国家统计局历年全国农民工检测调查报告。

表 5 - 4　外出农民工人均月工资和增长率

指标	2008 年	2009 年	2010 年	2011 年	2012 年	2013 年	2014 年	2015 年
人均月收入（元/人）	1340	1417	1690	2049	2290	2609	3108	3359
月收入增长率（%）	—	5.7	19.3	21.2	11.8	13.9	19.1	8.1

资料来源：国家统计局历年全国农民工检测调查报告。

三　转移渠道无章："自发"且"零散"，"有迹"难"有序"

农村人口转移由来已久，但在转移渠道上始终欠缺规范化、针对性的引导，无序转移情况严重，既增加管理成本，又有损农民权益，更不利于新型城镇化战略实施。一是外出形式。由农村"圈层社会"所衍生的宗族、亲缘、血缘等关系扎根于农村传统社会，具有极强的影响力与号召力，以其为纽带所展开的"帮、扶、带、联"等私人活动在很大程度上取代了政府正规组织行为，成为农民外出务工主流形式，尤见于中西部欠发达地区与传统农区。一般情况下，农村外出务工人员或是在"榜样先行者"带领下结伴外出，或是在明确的目标指引下投奔关系密切的关系人，明显体现出源于民间信息流动的自发转移特征。农民外出务工形式不固定，且农民缺乏对市场经济规律的了解。相关研究表明，近90%的农民工通过亲友介绍或帮带等自发方式开展外出务工活动[1]。二是外出流向。农村外出务工人员受经济利益驱使与周边人群鼓励，易形成"扎堆"现象。按照高更和等的界定，农户打工区位的选择具有明显的"打工簇"现象[2]。在此背景下，劳动力就业市场极易出现区域失衡，引发城市发展区域差距问题。2015 年在东部地区务农的农民工占全国农民工总数的59.4%。同时，在外出农民工中，流入地级以上城市的农民工 11190万人，占 66.3%。其中，8.6% 流入直辖市，22.6% 流入省会城市，35.1% 流入地级市（见表 5-5）。跨省流动农民工 80% 流入地级以上大城市，省内流动农民工 54.6% 流入地级以上大城市。三是外出就业。由于缺乏有效的技能培训、系统的职业规划及必要的保障意识，农村外出务工人员往往成为城市就业边缘群体，面临极大的失业风险、政策风险、收入风险、健康风险、侵权风险[3]，亟待引起关注。2014 年农民工中，接受过技能培训的占34.8%。其中，接受非农职业技能培训的占32%，接受农业技能培训的占9.5%，农业和非农职业技能培训都参加过的占 6.8%（见表 5-6）。青年农民工接受非农职业技能培训的比例要高于年长农民工，年长农民工接受农业技能培训的比例要高于青年农民工，年龄层次越低，接受农业技能培训的比例也越低。此外，2015 年与雇主或单位签订了劳动合同的外出农民工比重仅为 36.2%（见图 5-1）。如上所述，由于转移渠道零散，农村劳动力不仅在就业前对预期就业岗位的感知程度比较弱，而且外出务工后也极易受劳动力市场与经济周期的波动影响而呈现脆弱性，体现

---

① 辜胜阻、郑凌云、易善策：《新时期城镇化进程中的农民工问题与对策》，《中国人口·资源与环境》2007 年第 1 期。

② 高更和、陈淑兰、李小建：《中部农区农户打工簇研究：以河南省三个样本村为例》，《经济地理》2008 年第 2 期。

③ 谌新民：《农村剩余劳动力外出就业风险：预警与公共政策选择》，人民出版社，2012，第 41 页。

为机会非稳定性、行为非长期性及空间非持续性，直接造成就业满意度偏低、后期频繁改换职业等现象，导致大量的人力资本流失和培训成本浪费，并成为农村外出务工人员向农村"回流"及在城市"滞留"的重要诱因。例如，2008年全球金融危机爆发后，大批在东部沿海地区工作的农民工一度掀起大规模"返乡潮"，给各级政府管理经济社会带来极大挑战。

表 5 – 5　外出农民工流向地区分布构成

单位：%

指标	2009 年	2010 年	2011 年	2012 年	2013 年	2014 年	2015 年
直辖市	9.1	8.8	10.3	10	8.5	8.1	8.6
省会城市	19.8	19.4	20.5	20.1	22	22.4	22.6
地级市	34.4	34.8	33.9	34.9	33.4	34.2	35.1
其他	36.7	37	35.3	35	36.1	35.3	33.7

资料来源：国家统计局历年全国农民工检测调查报告。

表 5 – 6　农民工技能培训情况构成

单位：%

指标	2011 年	2012 年	2013 年	2014 年
接受农业技能培训	10.5	10.7	9.3	9.5
接受非农职业技能培训	26.2	25.6	29.9	32
两项培训均接受	5.5	5.5	6.4	6.8

资料来源：国家统计局历年全国农民工检测调查报告。

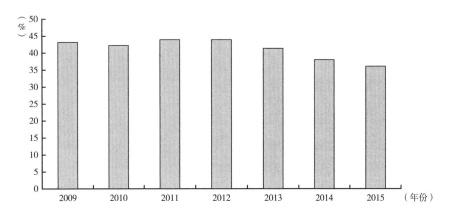

图 5 – 1　外出农民工签订劳动合同情况

资料来源：国家统计局历年全国农民工检测调查报告。

四 支持措施低效:"定规"欠"定责","运行"缺"保障"

改革开放以来,政府对于农村人口转移现象的认知与理解存在渐进性,先后经历了由堵到疏,由限制、管理到规范、服务的过程[①]。进入21世纪后,党和政府审视经济社会发展全局,制定了加大农村转移人口支持力度的方针与政策。就输出农村而言,规定"不得以农民进城务工为由收回其承包地,农民外出务工期间,所承包土地无力耕种的,可委托代耕或通过转包、出租、转让等形式流转土地经营权。农民工土地承包经营权流转,要坚持依法、自愿、有偿的原则,任何组织和个人不得强制或限制,也不得截留、扣缴或以其他方式侵占土地流转收益"[②]。就输入城镇而言,党的十八届三中全会公布的《中共中央关于全面深化改革若干重大问题的决定》规定,"稳步推进城镇基本公共服务常住人口全覆盖,把进城落户农民完全纳入城镇住房和社会保障体系,在农村参加的养老保险和医疗保险规范接入城镇社保体系"。然而,立足国情,政策往往具有层级性和多属性特征,极易导致失真性执行[③]。就农村转移人口而言,由于"三农"整体格局的动态演变,在主体激励、政策协调、绩效评价、执行监督等方面存在大量可控与不可控因素,支持政策往往欠缺有效的运行保障,不利于政策顺利实施。

第二节 农村转移人口离农机制的构建思路

中国农村人口转移符合国际一般规律。然而,中国特有的社会环境、历史背景、文化传统、经济体制、发展水平、管理制度、要素市场,以及为数众多的农村剩余劳动力致使农村转移人口的流动渠道有限、就业风险复杂、移居成本较高、社会融合缓慢及政策享受滞后,尤其考虑到要尊重农民意愿,离农难度系数增大。构建农村转移人口离农机制既要以经典理论为基础,又要以客观现实为依据,凸显前瞻性与创造性。

---

① 李占才、运迪:《改革以来我国农村劳动力转移政策的演化及其经验》,《当代中国史研究》2009年第6期。

② 《国务院关于解决农民工问题的若干意见》(单行本),人民出版社,2006,第16页。

③ 贺东航、孔繁斌:《公共政策执行的中国经验》,《中国社会科学》2011年第5期。

一　"推""拉"并重，合力前行

农村转移人口的心情复杂，离农成功与否取决于两重因素。一是农村转移人口是否有勇气放弃现有农居生活。一般观点认为焦点在于以土地承包经营权为核心的农村财产权利处置情况[①]。但这仅考虑到物质生活层面，忽略了以乡土文化为标志的精神生活层面。换言之，不能高估物质利益的补偿作用，更要顾及情感的慰藉功能。中国农村人口转移之所以具有长期性、反复性、艰巨性特点，症结不仅在于利益补偿机制有待完善，还在于农民"以末致富，以本守之"的传统观念在短期内难以彻底转变。2010年国务院发展研究中心农村经济研究部对6232个农民工进行大型调查。结果显示，对于承包地，80%的人表示在城里落户后不会放弃，只有2.6%的人同意无偿放弃，仅有6.6%的人在补偿情况下同意放弃；对于宅基地，67%的人表示不放弃，仅有4.7%的人在补偿情况下同意放弃。该项目主持人韩俊由此推断，"让农民彻底放弃承包地和宅基地进城落户定居这条路，今后二三十年内走不通"[②]。据此，在农村转移人口始终纠结于离农"退路"的情况下，各级政府无须尝试强制性制度变迁，应充分体察现实情况，在坚持利益补偿常态化的同时，以时间换取空间，按照尊重意愿、自主选择、因地制宜、分步推进的原则，采取"存量稳定，增量发展"的策略来增大农村推力，弱化农村拉力，稳步推动农村转移人口渐进式离农。具体而言，一方面，将重视乡土的传统农民工视为"存量"，尊重其财产权利与转移意愿，侧重各种形式的社会舆论宣传，通过激励与示范作用来尽可能展示退农进城后的各种优势与进步，以替代对传统生活模式的眷恋。另一方面，将新生代农民工视为"增量"，依托就业制度创新与社会管理政策调整，重点支持其在城市站稳脚跟并积极接受新的生活理念与生活方式，提高其在城市定居的主观意愿，改善其在城市定居的客观环境。如此，随着时间推移，"存量"群体自然消减与"增量"群体稳步扩大将同步进行，此消彼长的态势会逐步化解"存量"群体对农村转移人口离农的阻碍，并推动"增量"群体在成为农村转移人口主流的同时也成为

---

① 郑兴民：《中国城镇化进程中的农民退出机制研究》，人民出版社，2012，第37页。
② 韩俊：《承包地宅基地是农民的财产不是国家福利》，中国县域经济发展高层论坛，2010年12月19日。

农村转移人口离农主角。

二是农村转移人口能否获得可预期的进城新归宿。农村转移人口离农意味着失去现有的财产权利与熟悉的生活环境，必须以相对应的城镇生存条件与生活基础作为交换。这既是以人为核心的新型城镇化的应有之义，又是吸引谨慎、务实的农村转移人口"出村入城"的基本前提，更将树立"榜样效应"，为持观望态度的后续农村转移人口释去疑虑。据此，最重要的是让农村转移人口乐观展望离农"出路"，通过市民化方式来增大城市拉力，弱化城市推力，改善进城落户后的生存条件与生活基础，降低其真正市民化的机会成本。简言之，既要推动农村转移人口认同城市的生产和生活方式，接纳城市文明，享受平等的就业、教育、医疗、住房、社会保障等机会和权利，减少与原城市居民之间的隔阂，继而实现有效的社会融合；又要合理划分政府、企业、个人责任，合理分担农村转移人口市民化成本；更要顶层设计涉及领域更宽、触动利益更深、关联性更强的综合配套支持体系。

二 "移""序"兼顾，合理推进

农村人口转移任务艰巨，理论上要提高劳动力资源配置效率，实践中要服务于国家经济社会发展全局，注定应是个可行且路径有序的过程。有序是相对无序而言的，是指确定、可预见、可掌控、有规则、有规律的状态。当前农村人口转移多属私人自发行为，受经济条件、亲属关系、文化氛围、生活习惯、基本素质、个人偏好等多重因素影响，具有转移方式、转移去向、转移时序的自主性，判断依据在于便利性、可控性、舒适性，呈现出随意性较强的无序状态。然而，国家期望农村人口转移成为统筹行动，按照因地制宜、分类指导、有序推进的基本原则，依照新型城镇化空间布局，在宏观政策引导下有重点、有步骤、有计划地均衡开展。据此，农村转移人口个体理性与国家集体理性之间便产生碰撞与摩擦，导致农村转移人口既有的无序转移有悖于国家憧憬的有序转移。从结果角度看，两者间最大的分歧，同时也是国家最为忧虑的事：农村转移人口的有限理性使其片面流向发达地区及大中型城市而呈现区域失衡局面，造成生产力空间布局与人口空间布局不相适应，新型城镇化战略格局与人口战略布局不相协调，而化解矛盾的关键环节在于国家引导农村转移人口适当向区域性中心城市、各类中小城市和小城镇转移。为合理推进农村人口转移，国家可考虑采取"筑巢引凤"的策略，即从改善上述二线人口输入地的环境入手，建立布局合理功能完善的城镇体系、结构优化质量较高的产业体系、均等化的城乡公共产品供给体系、高素质多技能的人才队伍、与时俱进的社会观念和意识、科学健全的制度和政策体系等①，增强其人口承载力，提高其对农村转移人口的吸引力。

三　"定""行"相济，注重保障

中国正值农村转移人口离农的关键阶段，政策支持固然不可或缺。然而，公共政策目标的实现不仅有赖于宏观上政策制定的科学性，而且取决于微观上政策执行的有效性。可以预见，未来农村转移人口离农过程中将存在诸多制约因素来干扰政策执行，这是任何重大社会变革都难以避免的。一是中国正值"四化"同步发展与全面深化改革的转型时期，农村转移人口离农的政策运行环境面临极大不确定性，政策操作平台仍有待继续完善。二是考虑到区域差异性与个体异质性，"由上而下"的政策择定形式将凸显政策不完备性，政策极有可能滞后于新情况、新问题，继而妨碍农村转移人口离农事业的健康开展。三是由于历史和体制原因，中国公共政策执行的委托代理特征明显，各类横向与纵向执行主体均具有独立利益，长期存在高成本、多重代理、信息不对称及效率低下等问题，严重影响政策效应发挥。据此，为提高农村转移人口离农的效果与效率，除保证支持政策的合理性外，还需要操作层面的运行保障，如此才能完全发挥新政策功效。

第三节　农村转移人口离农机制的框架体系

如上所述，中国农村转移人口离农具有四层核心内涵：一是农村转移人口愿意持久流转出土地经营权并完全退出农业领域；二是农村人口在向城镇转移过程中呈现有序态势；三是农村转移人口进入城市后能够取得合

---

① 河南省社会科学院城市发展研究所课题组：《新型城镇化进程中实现农村人口有序转移研究》，《区域经济评论》2013 年第 1 期。

法、合理、合规、合情的职业与身份，并且实现有效的社会融合；四是国家支持必不可少，而各级政府制定的各类政策措施必须保证执行效果。据此，可初步构建农村转移人口离农机制（见图 5-2）。

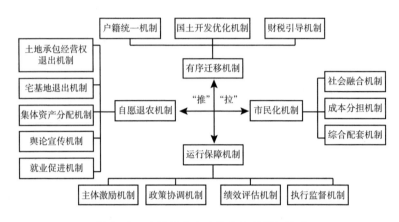

图 5-2　农村转移人口离农机制框架体系

一　农村转移人口的自愿退农机制

自愿退农是农村转移人口离农的基本前提与必要条件，外力驱动的着力点在于物质补偿与精神引导。物质补偿的核心在于完善财产权益处理机制。具体而言，一是土地承包经营权退出机制。一方面，以保障退地农民基本生活需求为标准，以"得"抵"失"。"得"即货币补偿以及城市融入给农村转移人口带来的非收入效用；"失"即农村转移人口失去的土地效用。另一方面，确立由中央政府、地方政府、受益企业、农村转移人口为出资主体，涵盖中央财政专项资金、地方政府支农资金、土地出让金、土地转让租金、企业资金等在内的补偿费用分担方案[①]。二是宅基地退出机制。完善农村宅基地分配政策，在保障农户宅基地用益物权前提下，慎重稳妥推进农民住房财产权抵押、担保、转让，并继续开展以农村宅基地置换城镇住房的实践探索。三是集体资产分配机制。农村集体资产包括公益性质用地、集体建设用地等资源性资

[①]　郑兴民：《中国城镇化进程中的农民退出机制研究》，人民出版社，2012，第 142~146 页。

产、集体厂房、集体企业等经营性资产及旧学校、旧办公楼、旧医疗所等非经营性资产，有必要将该类资产全部股权量化到所有集体经济组织成员，成立股份经济合作社，让农民持股进城，打消其对集体资产处置分配的顾虑。精神引导的对象包括传统农民工与新生代农民工。就前者而言，健全社会舆论宣传机制，鼓励符合条件的农户转变思想观念。就后者而言，重点完善以就业准入、就业登记、就业服务、劳动保障、就业培训为主要内容的就业促进机制，提高该部分群体转移到城市的信心、能力与比重。

二　农村转移人口的市民化机制

市民化是农村转移人口离农的必然结果与最终归宿，抓手在于生活上能融入、费用上有承担、体制上有保证。具体而言，一是社会融合机制。利用后发优势，吸取国外经验与教训，既要注重城镇基础设施与公共服务体系建立健全，又要以户籍制度改革为平台，创造公平的制度环境，营造和谐的社会氛围，给予农村转移人口社会融入的平等机会。二是成本分担机制。积极构建多元化成本分担主体，确保各主体各司其职、协同运作。省级政府从整体上负责省内迁移的公共服务投入支持，以及跨地区、社会效益显著的项目建设；输入地政府主要承担扩建城市所需的功能设施、社会设施、市政基础设施的投资成本及辖区内公共服务支出；企业承担劳动保障成本；农村转移人口个人承担生活成本。三是综合配套机制。全方位、立体化地制定涵盖财政支持政策、税收支持政策、金融支持政策、住房支持政策、公共服务支持政策、利益表达支持政策和社会网络及组织支持政策的综合配套措施，建立工资合理增长机制和劳动权益保护机制，实现公共服务均等化，健全城镇住房保障体系，完善各项社会保障制度。

三　农村转移人口的有序迁移机制

有序迁移是农村转移人口离农的理想形态，协调要点在于输入地梯次合理、户籍管理不设障碍及支持政策倾斜。具体而言，一是国土开发优化机制。按照区域发展总体规划和主体功能区建设要求，正视建设用地、水、能源、生态环境等方面的约束和国内外产业转移趋势，力争形成国土开发新格局。据此，培育和壮大新的增长极，明确优化开发区内各城镇的功能定位和分工，强化中小城市产业发展功能，重视各级产业集聚区的集聚效应，增强小城镇公共服务和居住功能。二是户籍统一机制。建立城乡统一的户口登记制度，全面放开建制镇和小城市落户限制，有序放开中等城市落户限制，合理确定大城市落户条件。同时，全面实行流动人口居住证制度，逐步推进居住证持有人享有与居住地居民相同的基本公共服务，鼓励各地解决好辖区内农业转移人口在本地城镇的落户问题。三是财税引导机制。建立健全财政转移支付同农村转移人口市民化的挂钩机制，提升中小城市和小城镇的基础设施扩容能力与公共服务提升水平。同时，在税收体制上逐步实现从生产型增值税到消费型增值税的转变，增加输入地政府助推农村转移人口市民化的动力[①]。

四 农村转移人口的运行保障机制

运行保障是农村转移人口离农的重要支点，覆盖面要囊括相关政策执行全过程。具体而言，一是主体激励机制。政策执行主体的执行力直接决定政策执行效果。要在始终坚持中央政府"高位推动"的基础上，建立健全农村转移人口利益分配机制，促成输出地与输入地之间、不同输入地之间的激励相容。同时，以信息整合为纽带来强化财政、农业、交通、卫生等职能部门之间的协同推动作用。二是政策协调机制。既要预见政策外部性，又要考虑政策动态性，一旦发现源于制度漏洞的政策执行弊端，要果断采取措施避免损失扩大化。三是绩效评价机制。评价过程要兼顾公平与效率，既要强调目标执行结果，又要重视转移实施过程，还要将创新强度与推进力度相结合，兼顾经济效益、社会效益与生态效益。四是执行监督机制。抓紧人大关于《农村转移人口法》的立法工作，加强权力机关对政策执行的法律监督；分区域、分部门地完善农村转移人口评价机制并运用好监督结果，构建以体制内主管部门行业监督为主的新型监督模式；有效调动社会中介组织监督、新闻媒介监督、群众监督等手段，促进民间力量对农村转移人口进程的舆论监督。

---

① 国务院发展研究中心课题组：《农民工市民化：制度创新与顶层政策设计》，中国发展出版社，2011，第169～170页。

第六章　中国农村转移人口的
自愿退农机制

农村转移人口首先要立足于自愿退出农业，才能为后续一系列离农活动奠定基础并创造条件。退农过程受主客观多重影响因素制约，其机制设计既要遵循经济社会发展一般性规律，也要尊重现实国情与农情，继而保障系统性、规范性与可行性。

第一节　农村转移人口自愿退农的内涵辨析

离农是农村转移人口的一种主观行为，前期主要表现为撤农，后期则深化、拓展、演变为退农，后者是前者的更高层次，也是农村转移人口离农的终极目标。就撤农而言，行为客体是农村流动人口，行为手段是从事非农产业，本质上是农民作为"理性经济人"而出于经济利益考虑所做出的个人选择，归根结底取决于农民在乡村务农与城镇务工上对"成本—收益"的评估对比，是农民对"划不划算"问题的考虑结果。就退农而言，行为客体是农村迁移人口，行为手段是放弃土地承包经营权、宅基地使用权及集体收益分配权，退农要求农民继职业转变后进一步实现由村民到市民的身份转换，实质上其不仅需要在经济收益上，还需要通过与家庭成员沟通后在价值观念、生活模式、乡土情结上进行全方位、多角度、深层次的综合考虑，"情不情愿"便成为农民思考的关键。

审视当前农村转移人口现状及国家战略导向，各类条件基本成熟，农村转移人口已经到了由撤农向退农转变的关键时期。换言之，"移"已经并正在进行，或"城"或"镇"，或"大"或"小"；而"退"则成为最大障碍，即彻底退出农业领域与农村区域。结合理论界已有研究，退农的核心问题与重要切入点在于农地处置，即农村转移人口持久流转出土地承包经营权及宅基地使用权[①]。已有研究表明，农民在土地退出及流转问题上受户主文化程度[②]、农户人均收入[③]、农户家庭规模[④]、经济补偿预期[⑤]、婚姻状况[⑥]等多重因素影响。众所周知，中国城市土地属于公有制，农村土地属于集体所有制并长期实施家庭联产承包责任制。经过多年发展演变，"长久不变"[⑦]已经成为中国农村土地承包制度建设的基本方向，土地权利也成为农民财产权利的重中之重。《中共中央关于一九八四年农村工作的通知》明确规定，"延长土地承包期，鼓励农民增加投资，培养地力，实行集约经营。土地承包期一般应在十五年以上。生产周期长的和开发性的项目，如果树、林木、荒山、荒地等，承包期应当更长一些"。1993年11月下发的《中共中央、国务院关于当前农业和农村经济发展的若干政策措施》提出："为了稳定土地承包关系，鼓励农民增加投入，提高土地的生产率，在原定的耕地承包期到期之后，再延长三十年不变。开垦荒地、营造林地、治沙改土等从事开发性生产的，承包期可以更长。为避免承包耕地的频繁变动，防止耕地经营规模不断被细分，提倡在承包期内实行'增人不增地、减人不减地'的办法。在坚持土地集体所有和不改变土地用途的前提下，经发包方同意，允许土地的使用权依法有偿转让。少数第

① 简新华、黄锟：《中国工业化和城市化过程中的农民工问题研究》，人民出版社，2008；郑兴民：《中国城镇化进程中的农民退出机制研究》，人民出版社，2012，第36～37页。

② 周妮笛、李明贤：《城市郊区农户土地流转意愿及其影响因素：基于长沙市8乡镇农户调查数据》，《湖南农业大学学报》（社会科学版）2013年第6期。

③ 高佳、李世平：《城镇化进程中农户土地退出意愿影响因素分析》，《农业工程学报》2014年第6期。

④ 许恒周、郭玉燕、吴冠岑：《代际差异视角下农民工土地流转意愿的影响因素分析——基于天津613份调查问卷的实证研究》，《资源科学》2012年第10期。

⑤ 白积洋：《农民土地退出的意愿与影响因素分析——基于湛江市782个农户样本调查》，《农业部管理干部学院学报》2012年第8期。

⑥ 王斌、薛凤蕊：《河北省农村居民宅基地置换意愿及影响因素》，《贵州社会科学》2013年第5期。

⑦ 即现有土地承包所形成的全部权利义务关系长久不变，既包括农村土地承包经营制度长久不变，也包括承包期限更长，权利更加充分而有保障，义务更加明确，地块不再动。张红宇、李伟毅：《人地矛盾、"长久不变"与农地制度的创新》，《经济研究参考》2011年第9期。

二、第三产业比较发达,大部分劳动力转向非农产业并有稳定收入的地方,可以从实际出发,尊重农民的意愿,对承包土地作必要的调整,实行适度的规模经营。"2002 年通过的《农村土地承包法》对家庭承包经营制度做出法律规范。第二十条规定:"耕地的承包期为三十年。草地的承包期为三十年至五十年。林地的承包期为三十年至七十年;特殊林木的林地承包期,经国务院林业行政主管部门批准可以延长。"同时,进一步突出了农民承包地的物权化特征,强调承包农户"依法享有承包地使用、收益和土地承包经营权流转的权利,有权自主组织生产经营和处置产品"。中国共产党十七届三中全会《关于推进农村改革发展若干重大问题的决定》明确提出:"赋予农民更加充分而有保障的土地承包经营权,现有土地承包关系要保持稳定并长久不变。"总体而言,坚持和完善农村基本经营制度,依法维护农民土地承包经营权与宅基地使用权是党和政府对待农村土地的基本态度。这既反映了国家稳定农业生产、保障农民权益、维护农村经济社会关系的战略意图,也昭示了依靠强制性制度变迁来推动农民退出土地是不可行的,唯有寄托于诱致性制度变迁。农村转移人口无论是退地,还是退农,除了有科学、合理的理论依据外,还需暗含一个基本前提,即尊重农民意愿,坚持农民自愿。

农村土地退出是指农户自愿放弃从农村集体经济组织那里获得的土地承包经营权、宅基地使用权,并获得相应补偿的行为。所谓自愿是指充分尊重农户对土地的利用与处置权,始终把农户利益摆在第一位,坚持"两自愿"(承包地和林地流转自愿、宅基地和农房处置自愿),切实做到"三不许"(不许下达指标任务、不许退地与利益挂钩、不许强迫退地)。所谓有偿是指农户自愿退出土地后应当获得相应补偿,补偿形式包括货币补偿、实物补偿、政策补偿等[1]。农村土地退出是一种行为,必然存在主体、客体与对象。退地主体是农民,实践中包括三种类型。

1. 征地型农民

即狭义的"失地农民",包括因铁路、高速公路等交通设施和其他

① 王兆林:《户籍制度改革中农户土地退出行为研究》,中国社会科学出版社,2014,第 11 页。

公共基础设施修建而被政府按照相关政策规定征收土地,以及经过协商补偿标准后被商业化征收土地的农民。随着城镇化进入加速阶段,城镇基础设施扩容需求不断增大,城乡接合部土地与城中村土地成为被征收的主要对象,原住农民也往往随之成为新市民。相关统计资料显示,1996~2012年,全国建设用地年均增加724万亩,其中城镇建设用地年均增加357万亩。根据张红宇等测算,每征用1亩地,将造成0.4个农民失去土地,上亿亩耕地被征用的后果是全国失地农民已超过4000万人[①]。

2. 退地留村型农民

农村部分老弱妇孺及从事非农产业的居民因失去务农能力与兴趣而退出土地,但仍居住于农村区域。此类群体比例相对有限,未来可能的生存状态是移居小城镇或新型农村社区。

3. 转移迁居型农民

即因举家迁居城镇而退出农村土地的农民,随着市民化而彻底实现离农,这也是本书所研究的主要群体。退地客体是农地,现实中主要包括承包地与宅基地。根据王兆林的界定,承包地退出范围包括集体经济组织发包的农村土地,农户承包经营的水田、旱地、林地、自留山、自留地等;宅基地退出范围包括宅基地、附属设施用地及建(构)筑物;宅基地及附属设施用地是指房地产权证记载的宅基地,以及属于建设用地的院坝、牲畜圈舍、林盘等附属设施用地[②]。退地对象名义上是集体经济组织,实际上主要是指土地新的使用者。农村土地集体所有制的性质决定了土地经营权可流转、可转让、可承租、可信托、可互换、可股份合作,但交还的对象只能是村集体。然而,村集体在重新回收土地后必须重新安排用途,理论上可分为三类:一是根据相关政策规定,实施生态退耕。全国第二次土地调查显示,2009年底,全国耕地面积20.31亿亩,其中需要服从国家退耕还林、还草、还湖、还湿的政策而逐步调整

① 张红宇、李伟毅:《人地矛盾、"长久不变"与农地制度的创新》,《经济研究参考》2011年第9期。
② 王兆林:《户籍制度改革中农户土地退出行为研究》,中国社会科学出版社,2014,第12页。

的面积为 1.49 亿亩①。二是用于非农化用途。例如，小城镇建设扩张用地、农村集体建设用地、农业产业化企业的厂房用地等。三是交付给新型农业经营主体。随着农村大规模人口转移，以种养大户、家庭农场、农民专业合作组织、工商企业为主体的新型农业经营主体蓬勃发展，具有规模化、科技化、专业化、市场化、标准化、集约化等特征，为粮食安全与农产品有效供给提供必要保障，也被广泛视为未来现代农业发展的主力军。其实施的新型农业经营模式的基本条件在于土地规模化，土地规模化也使其对于重新安排用途的耕地抱有极大热情并在事实上已经或正在得到各级政府大力支持。

如前所述，农村转移人口退出农地具有极强的战略意义，但实践表明其选择永久性退出农地和农业的比率极低。据此，对农村转移人口退农行为进行有效引导，关键在于廓清农村转移人口持有农地的真正意图是什么；农村转移人口退出农地的可能性条件是什么；农村转移人口离农后是否会存在反复性，未来回流农村的可能原因是什么；应采取何种激励路径来推动农村转移人口退出农地，继而退出农业领域。只有了解农村转移人口真实的农地退出态度，并采取针对性举措，才能破解相关难题，继而为后续农村转移人口离农铺平道路。

第二节　基于农村转移人口视角的农地退出态度调查与分析

一　农村转移人口持有农地的用途分析

（一）解决生活用粮与增加经济收入是持有农地的主要用途

总体来看，分别有 35.6% 与 32.1% 的样本人群将解决生活用粮与增加经济收入视为持有农地的最重要用途（见表 6-1）。即便是分特征考察，持此两种观点的样本人群也几乎占据所有类型群体的 70%。农民以"成本-收益"的评估对比作为行事准则，在对待乡村务工还是

---

① 刘彦随、乔陆印：《中国新型城镇化背景下耕地保护制度与政策创新》，《经济地理》2014年第 4 期。

城镇务农的选择问题上，将"划不划算"视为选择依据；同样，在务工的同时利用自身闲暇时间或经过家庭成员分工（主要是老弱妇孺等辅助型劳动力）来进行以满足自身生存需要为主的适度农业生产，也是其经过精打细算的考虑。根据黄宗智著名的"拐杖逻辑"，农业收入是广大小农的根本性收入[1]，这在经济发展水平日益提高的今天仍有极强的借鉴意义。

（二）维持土地承包权与未来养老是亟须关注的持有农地用途

总体来看，分别有 11.5% 与 9.2% 的样本人群将维持土地承包权与未来养老视为持有农地的最重要用途。分特征考察，持此两种观点的样本人群约占绝大多数类型群体的 20%，且大体上男性大于女性，已婚大于未婚，随文化程度增加与家庭生活水平提高而下降，昭示了越是相对成熟、人力资本匮乏、生活水平低下的群体，越是用长远眼光看待农地与自身生存的关联性，越是重视土地保障功能。此外，选择农村养老的群体比重随外出务工年限增加而上升，反映出样本人群外出愈久，"年轻力壮时进城打工，年衰体弱又回到农村"的心理暗示愈强烈。传承千年的小农意识、"藏粮于土"的惯性思维既造就农民性格上的谨慎，也导致农民在心态上缺乏安全感，曾经的源于经济危机的"农民工返乡潮"先例，以及社会基本保障机制的长期缺失，使其平添了对非农就业的多重疑虑和返乡务农的自我预判，持有农地以备将来正是这种思想顾虑的行为反应。

（三）持有农地的感情因素较小

总体来看，仅有 3.4% 的样本人群将寄托感情视为持有农地的最重要用途。即便是分特征考察，持此观点的样本人群在所有类型群体中也极其有限。随着农村中国迈向城市中国的社会大转型，中国农村发生了深刻且不可逆转的结构性变化，农民对农地的朴素感情已经逐步淡化，尤其是新生代农民工很早便积极为离开农业与农村而做各种准备。情感基础的动摇既表明农民心态向"务实"的转变，也在一定程度上为农村转移人口退出农地，乃至退出农业领域消除了情感障碍。

---

[1] 黄宗智：《华北的小农经济与社会变迁》，中华书局，2000，第 202～204 页。

表 6 – 1 农村转移人口的持有农地用途构成分析

单位：%

持有农地用途		解决生活用粮	增加经济收入	提供就业	维持土地承包权	未来养老	寄托感情	其他
总体		35.6	32.1	4	11.5	9.2	3.4	4.2
年龄	30 岁以下	36.7	30.2	3.5	11.1	8	4	6.5
	30 ~ 39 岁	37.3	36.4	4.5	8.2	8.2	0.9	4.5
	40 ~ 49 岁	33.8	32.1	3.4	13.7	10.7	3.4	2.9
	50 岁及以上	36.4	31.2	6.5	10.4	9.1	5.2	1.3
性别	男	35.4	32.3	3.8	11.7	9.6	3.8	3.4
	女	36.1	31.3	4.9	10.4	7.6	2.8	6.9
婚姻状况	已婚	35.2	32.2	3.7	12.5	9.6	3.3	3.3
	未婚	36.2	33.1	4.6	6.9	7.7	3.1	8.4
	离异或丧偶	40	20	6.7	20	6.7	6.7	0
文化程度	小学及以下	30.3	36.2	3.8	12.4	11.9	3.8	1.6
	初中	34.9	32.4	2.9	11.7	9.4	3.2	5.5
	高中或中专	49.4	24.7	5.6	10.2	4.5	2.2	3.4
	大专及以上	36.1	27.8	11.1	5.6	2.8	8.3	8.3
家庭生活水平	中等以下	34.6	30.8	2.4	17.3	9.9	1.9	3.1
	中等	34.7	32.8	4.4	9.3	10.6	4.4	3.8
	中等以上	34.1	34.1	5.4	9.3	6.2	3.9	7
外出务工年限	5 年以下	36.5	26.2	5.6	15	5.6	4.7	6.4
	5 ~ 9 年	39.7	34.9	4.1	8.3	6.2	2.7	4.1
	10 ~ 14 年	34.7	34.7	2	8.8	10.8	4	5
	15 年及以上	30.5	34	4	13	12	3.5	3

注：本题设定为"持有土地最重要用途"，故为单选题，每一类型群体的选项比例总和为100%。

二 农村转移人口退出农地的条件分析

（一）永不放弃农地的人群比重相对偏低

总体来看，仅有 25.5% 的样本人群表明"永不放弃"农地（见表 6 – 2）。分特征考察，持此观点的样本人群比重大体上随年龄增加而增加，男性比重高于女性，已婚比重高于未婚，其随文化程度增加与家庭生活水平提高而下降，随务工年限增长而增加。从农民角度看，农地并非不可或缺，退出农地并非不可商量，关键在于永久性退出农地的交换条件是否达到心理预期，这也是退地问题的核心环节与政策最重要的着力点。

（二）拥有城镇户口对退出农地的吸引力较为有限

总体来看，仅有 12.2% 的样本人群愿意以拥有城镇户口作为退出农地条件。即便是分特征考察，持此观点的样本人群比重在所有类型群体中最高也不超过 20%，且 30 岁以下群体与未婚群体等样本人群比重较高，女性比重高于男性，其随家庭生活水平提高而下降，随外出务工年限增加而增加。大量研究早已表明，将获得城镇户口与放弃农地挂钩是多数农民难以接受的。农民对此问题的考虑重点：一是城镇户口本身重要吗？二是以农地换取城镇户口划算吗？对于前者，城镇户口最大的好处是其附带的各种相关社会福利。然而，由于长期沦为城市的生存弱势群体与就业边缘群体，加之自身技能素质约束，以农民工为代表的农村转移人口存在信息不对称，并未充分认知城镇户口的内涵，其更加在乎的是"常住化"，而非"户籍化"，这表现为愿意留城的人数大于愿意加入城镇户口的人数。事实上，农民工总有不被认同的自卑心理，大部分群体并没有强烈的对城镇户口福利的解读意愿及争取意愿，这也弱化了城镇户口吸引力。对于后者，由于对城镇户口的认识不足，加上对农地的情感寄托、心理熟悉、利益认同及保障依赖，农民自然也就在农地与城镇户口的价值换算上具有"将来不可确定的期盼不如当前实实在在的拥有"的意识，并得出"此重彼轻"的结论。本次调研亦针对"您认为城镇户口是否重要"进行询问，认为"非常重要"与"比较重要"的仅占样本人群的 33.9%。事实上，理论界与实践界早已指出，土地与城镇户口在法理关系上是不相关的两个范畴，既不能以城镇户口作为提供各种公共服务的依据，也不能以农地作为换取城镇户口的筹码，这无论在道义上还是制度上都不可行。可喜的是，2014年 7 月 24 日《国务院关于进一步推进户籍制度改革的意见》正式颁布，该意见规定要建立城乡统一的户口登记制度，并指出"现阶段，不得以退出土地承包经营权、宅基地使用权、集体收益分配权作为农民进城落户的条件"，表明了政府在维护农民权益问题上的坚决态度。

（三）政府补偿征地是重要的退出农地条件

总体来看，共计 49.5% 的样本人群在政府补偿征地情况下愿意退出农地，其比重接近半数。即便是分特征考察，持此观点的样本人群比重在所有类型群体中也大多居于首位，其中家庭生活水平处于中等以下的群体所占比重更是高达58.3%。当前，城镇化、工业化迅速发展使得土地资源的稀缺性和价值性日益凸显，尤其是作为"农村之首，城市之尾"的城乡接合部地区与"城中村"地区，当地农民对此做出积极反应并怀有强烈的获得经济回报的期望。

（四）牢靠的城镇生存基础是重要的退出农地前提

总体看，分别有41.9%、29.5%、18.3%、20.9%的样本人群愿意在稳定非农就业、土地置换城市房屋、土地置换社会保险、解决子女就学就业的条件下退出农地。农民有勇气"退"的前提必须是有信心"得"。既然失去的是赖以生存的农地，得到的就必须是相对应的城镇生存条件与生活基础，这涉及就业、住房、医疗、文化、卫生、社会保障、子女教育等方方面面。在此问题上，农民的要求是明确且不可回避的。

三　农村转移人口回流农村的动因分析

农民工回流是一种普遍现象，其规模和比例因每个地区农民工大规模外出开始的时间和目的地类型等多种因素的差异而有很大不同[1]。虽然农民工的回流与外出相比，总体规模仍然有限，然而，外出后回流仍然是一个不容忽视的现象。农民工回流受一系列个人因素影响[2]。本书为了解农村转移人口的心理特征，特意设计了"将来若回流农村的可能原因"这一问题，并在实践中得到受访对象的积极回应。

（一）眷恋故土是农村转移人口难以割舍的情结

总体看，高达57.2%与35.1%的样本人群将照顾家庭与落叶归根视为

---

[1]　蔡昉：《中国流动人口问题》，河南人民出版社，2000；白南生、何宇鹏：《回乡，还是外出？——安徽四川二省农村外出劳动力回流研究》，《社会学研究》2002年第3期。

[2]　Zhao, Yaohui, "Causes and Consequences of Return Migration: Recent Evidence from China," *Journal of Comparative Economics*, 30 (2): 376 – 394, 2002; Hare, Denise, "'Push' versus 'Pull' Factors in Migration Outflows and Returns: Determinants of Migration Status and Spell Duration among China's Rural Population," *Journal of Development Studies*, 35 (3): 45 – 72, 1999; Wang, Winnie Wenfei and Fan, C. Cindy, "Success or Failure: Selectivity and Reasons of Return Migration in Sichuan and Anhui, China," *Environment and Planning A*, 38 (5): 939 – 958, 2005.

单位：%

表 6-2 农村转移人口的退出农地条件构成分析

退出农地条件		永不放弃	政府补偿征地	稳定非农就业	拥有城镇户口	农村无亲人	土地置换城市房屋	土地置换社会保险	解决子女就学就业	集体资源合理分配	其他
总体		25.5	49.5	41.9	12.2	8.3	29.5	18.3	20.9	10.6	4.9
年龄	30岁以下	15.8	47.6	47.6	16.7	9.3	32.2	10.9	21.9	6.6	7.7
	30~39岁	29	55	40	9	7	20	13	22	9	2
	40~49岁	28.5	49.8	41.5	10.6	8.2	33.3	25.1	21.3	15.5	3.9
	50岁及以上	37.9	45.5	30.3	10.6	9.1	25.8	22.7	15.2	9.1	4.5
性别	男	26.9	49.8	41.7	11.8	8	27.8	18.6	20	10.4	3.8
	女	22	48.5	43.2	13.6	9.1	35.6	18.2	23.5	12.1	8.3
婚姻状况	已婚	27.6	49.4	41.5	10.4	8.1	28.8	21.6	21.4	11.8	5.1
	未婚	15.6	50.8	43.4	17.2	7.4	32	7.4	18	6.6	4.9
	离异或丧偶	46.7	26.7	33.3	13.3	13.3	20	26.7	13.3	6.7	0
文化程度	小学及以下	28.2	50.6	41.7	15.4	8.3	32.7	23.7	22.4	11.5	4.5
	初中	25.3	50.9	41.5	11.4	9	27	17	22.5	9.7	5.9
	高中或中专	21.3	42.7	40	8	6.7	30.7	18.7	14.7	13.3	4
	大专及以上	20.6	50	50	14.7	5.9	32.4	5.9	14.7	5.9	0
家庭生活水平	中等以下	25.2	58.3	43.9	15.1	7.9	30.9	21.6	23.7	15.8	3.6
	中等	26.7	47	42.9	12.5	9.1	28.4	16.6	21.3	9.8	4.4
	中等以上	24.8	45.5	38	7.4	6.6	30.6	19	16.5	6.6	7.4
外出务工年限	5年以下	17.8	41.1	41.1	8.4	8.4	19.6	11.2	16.8	2.8	3.7
	5~9年	18.2	51.4	45.3	12.8	11.5	37.2	12.8	23	8.1	8.8
	10~14年	22	44	46	17	8	32	22	32	15	3
	15年及以上	20	50	37.5	11.5	6	47.5	26.5	16	14	3

注：除选择"永不放弃"的群体外，本题设定其余群体均可填写多项选项，故每一类型群体的选项比例总和不等于100%。

将来回流农村的可能原因（见表6-3）。即便是分特征考察，持此两种观点的样本人群比重在所有类型群体中也相对较高，大体呈现已婚比重高于未婚，随文化程度增加而下降，随家庭生活水平提高而增加，其中落叶归根这一项明显呈现随年龄增加而增加，高达65.2%的50岁及以上人群选择落叶归根为回流农村的可能原因。如前所述，多数第一代农民工对故土的依恋是与生俱来并根深蒂固的，他们具有坚持传统、求稳怕变、自我封闭、知足常乐的思维定式，即便是他们的子女，即第二代农民工以及通过参军、升学等其他渠道已经离开农村的青年群体不再情愿回归农村，但由于生活习惯、自身能力限制、家庭经济因素等原因，他们中相当大比例的人仍希望可以在50岁以后回归故土，即使无法从事正常的农业生产，也要定居农村。根据笔者采访的多位已返乡且子女在城镇定居的老农民工可知，"儿孙自有儿孙福，儿孙有事去帮忙，事成小居便返回，居家生活最惬意"成为他们的共同心声，农村依旧是其精神故乡。郭晓鸣等的研究表明，虽然有53.4%的老一代农民工认为返乡后收入有一定程度下滑，但是95.2%的老一代农民工表示能适应返乡后生活，60.8%的老一代农民工认为返乡后生活质量处于上升状态，且没有再外出务工的打算[①]。

（二）外出务工压力是农村转移人口返乡的重要诱因

总体来看，分别有38.7%、33.8%与15.3%的样本人群将外出赚钱难、工作压力大与就业不稳定视为将来回流农村的可能原因。即便是分特征考察，持此三种观点的样本人群比重在所有类型群体中也分别稳定在40%、30%与15%，且明显呈现随文化程度增加与家庭生活水平提高而下降的趋势。较之传统城镇化，新型城镇化强调"以人为本"，由此衍生的核心命题便是就业问题，即如何能够提供足够多的就业岗位以满足个体生存需要。若不能够满足不断增加的新市民的就业需求，便是"伪城镇化""伪市民化"，便会走向已被部分发展中国家证明是失败的城镇化旧路。更进一步讲，需要提供就业岗位的对象除了少部分步入就业年龄的城镇青年群体，主要就是农村转移人口。农村转移人口就业问题的解决主要涉及两个方面。一是城镇有没有能力提供就业岗位。就业岗位的创造事实上与本

---

① 郭晓鸣、周小娟：《老一代农民工：返乡之后的生存与发展——基于四川省309位返乡老一代农民工的问卷分析》，《中国农村经济》2013年第10期。

地经济发展水平息息相关，并且被其主导。然而，历史原因、体制问题、区位差别、人力资本因素、自然禀赋等共同决定了城镇之间发展能力并非同质，而是存在明显差异性。对于绝大多数发展中城镇，尤其是中西部地区城镇而言，就业岗位的创造"说易做难"，需要实体经济发展、产业结构调整、属地资源挖掘、政策扶持倾斜、政府招商引资等多元因素共同推动，注定将是一个渐进式发展过程。在此背景下，就业岗位的相对稀缺决定了农村转移人口就业必然面临一定程度竞争。二是农村转移人口有没有能力胜任。王竹林将农民工城镇化能力分解成与职业转化相关的劳动能力、与地域转移相关的城镇生存能力、与身份转化相关的发展能力和贯穿其行为始终的信息获取能力和学习能力[1]。可以预见的是，城镇中逐渐增加的岗位与逐渐增加的人群无论是在数量平衡，还是在结构平衡上都需要相互磨合、适应与调整。市场经济体制所孕育的就业岗位必须以满足商业化需求为基准，这就要求就业群体必须具备相对应的技能。随着经济社会进一步发展，市场对农民工的能力要求越来越高，这也导致部分综合素质相对低下的农村转移人口在就业中存在不稳定现象，体现为体力型劳动力供给相对过剩，技术型与知识型劳动力供给相对不足。正如韩长赋所言，"东部沿海的局部地区出现的'民工荒'现象，只是暂时结构性失衡现象，实际是'技工荒'"[2]。如上所述，外出务工必然存在"压力"，"压力"导致相当比例的农村转移人口切切实实感受到就业的艰辛，特别是人力资本薄弱、家庭抗风险能力不足的群体更是经常思考是否应离开城镇并返乡寻求其他渠道的就业机会。

（三）城市生存环境严峻对农村转移人口回流农村的影响不可忽视

总体来看，分别有 16.9% 与 7.9% 的样本人群将融入城市难与城市软歧视视为将来回流农村的可能原因。即便是分特征考察，持此两种观点的样本人群在所有类型群体中也占相当的比重，且随文化程度增加与家庭生活水平提高而明显下降。换言之，农村转移人口进城务工虽收入相对提高，但整体满意度不佳。从农村转移人口内因看，由于受自身综合素质约束，他们进入城市后往往从事收入较低、环境较差、待遇不良、技术含量

---

① 王竹林：《城市化进程中农民工市民化研究》，中国社会科学出版社，2009。
② 韩长赋：《中国农民工发展趋势与展望》，《经济研究》2006 年第 12 期。

表 6 - 3　农村转移人口回流农村的动因构成分析

单位：%

回流农村动因		就业不稳定	城市软歧视	照顾家庭	农业收入可观	外出赚钱难	生意失败	工作压力大	融入城市难	落叶归根	其他
总体		15.3	7.9	57.2	12.9	38.7	10.3	33.8	16.9	35.1	9.4
年龄	30 岁以下	15.3	7.1	52.5	16.4	33.9	7.7	38.8	14.2	21.3	13.1
	30～39 岁	14	5	62	11	32	12	29	11	39	9
	40～49 岁	15.5	8.2	62.3	11.6	45.4	10.6	31.4	17.9	35.8	7.3
	50 岁及以上	16.7	13.6	47	10.6	40.9	13.6	34.8	30.3	65.2	6
性别	男	15.1	8	54.6	13.2	40	9.9	34.4	16	36.2	7.8
	女	16.7	7.6	65.2	12.1	34.1	11.4	31.8	19.7	31.1	14.4
婚姻状况	已婚	14.4	7.7	61.5	11.8	39.7	10.4	32.7	16	37.4	9.1
	未婚	14.8	9	28.7	17.2	36.1	10.7	41	16.4	25.4	9.8
	离异或丧偶	40	0	40	0	20	6.7	13.3	40	46.7	13.3
文化程度	小学及以下	16	7.1	61.5	14.1	47.4	9.6	33.3	22.4	46.8	8.3
	初中	14.9	9	57.1	11.4	39.5	10	35.3	15.9	29.4	9.3
	高中或中专	13.3	9.3	54.7	12	33.3	10.7	32	12	36	8
	大专及以上	14.7	2.9	50	23.5	5.9	14.7	32.4	11.8	29.4	14.7
家庭生活水平	中等以下	18	12.2	54	11.5	49.6	6.5	30.9	21.6	33.1	7.9
	中等	13.9	7.4	56.8	14.2	37.8	9.8	38.5	15.9	34.5	9.8
	中等以上	14.9	4.1	62	12.4	28.9	24.8	25.6	14.9	39.7	9.9

注：本题设定所有群体均可填写多项选项，故每一类型群体的选项比例总和不等于 100%。

不高的低层次工作，社会地位普遍不高，获得的社会尊重普遍有限，加上卫生、饮食、衣着、言行等方面的习惯差异，他们虽为城市发展做出巨大贡献，却难以获得公正且广泛的社会认同。从城市外部环境看，作为外来人群，农村转移人口进城务工在事实上冲击城镇居民有限的就业机会并挤占城镇部分公共资源，增加治安、物业、教育等公共支出，继而提高城镇职工下岗压力与生活成本，引起既得利益团体不满。在某种意义上，输入地政府在农民工市民化问题上一直存在疑虑，也在一定程度上受原住民的舆论影响。在此背景下，城市中存在"二元用工制度"和"城市二元社会"，相当比例农村转移人口在心理上感受到软歧视与融入障碍，这不仅削弱他们市民化的积极性，而且使他们滋生回流农村的念头。

第三节　农村转移人口农地退出的基本判断

一　推动农村转移人口退出农地的核心命题：化解保障困惑

耕地是土地之精华、农业生产之根本。在农地处置问题上，农村转移人口多数怀有复杂且难以捉摸的心理，既因自身认定的持有农地用途而对农地难以割舍，又因对退出农地条件有所期盼而可以商量，更因未来回流农村的可能动因而心存纠结。具体而言，持有农地用途昭示其"小民式"无奈，实质是其拥有的可支配资源不多，或主动或被动地必须围绕农地来安排生产生活，故对土地倍加珍惜；退出农地条件体现其"小户式"世故，实质是其意识到市场经济下保守故土非长远之计，自觉或不自觉地不反对以农地为代价来进行资源重新配置，继而获取改变生存状态的契机；回流动因表现其"小农式"朴素，根源在于其对自身融入城市并获得理想生活状态缺乏自信，希望至少保留一条熟悉且简单的生活"退路"，以备未来不时之需。然而，无论是"持"的理由，抑或"退"的条件，还是"回"的原因，都反映出农民主观上对稀缺资源的坚持与争取，归根结底是农村转移人口对保障问题的重视。

土地具有生产与保障两大基本功能。生产功能是指土地在一定社会经济条件下，与劳动力和生产资料相结合来完成农业生产过程，承载着向社会提供农产品的使命，具有较强的公共性与外部性。农村转移人口属于个体农民，更看重土地保障功能，即在农村社会保障制度尚未健全的情况下，土地所产出的农产品和提供的经济收入既是其难以割舍的当前利益保障，又是其不可或缺的长远生存保障。既然农村转移人口对待农地的既有态度取决于对保障层面的现实考虑，那么鼓励其退出农地的着力点也只能且必须是建立新的保障基础。

二　推动农村转移人口退出农地的必要方式：坚持资源置换

农村转移人口重视保障问题，但能够接受保障基础变更的关键在于保障程度是否如意、保障条件是否满意、保障效果是否合意，新的保障基础至少不能低于以往依靠农地所带来的保障满足感。从调查情况看，农村转移人口对保障的理解更多来自物质角度，退地意味着失去现有农村的财产权利与生产生活平台，必须以相对应的未来城镇生存资源作为补偿。据此，若要推动谨慎、务实的农村转移人口彻底"退地进城"，必须提供新的资源替代以往的农地资源作为保障载体，以体现资源置换的基本原则。在新资源择定上，要致力于实现农村转移人口个体理性与国家集体理性相融合，一方面，考虑科学合理性，不能"由上而下"地便宜行事，不能以政府"长官意识"或"本位主义"为行事准则，不能对农民利益熟视无睹，要尊重农村转移人口的需求意愿与主体地位，避免"政策失灵"困境出现；另一方面，重视现实可行性，辩证看待农村转移人口的正当利益诉求，不能因过于急进而不考虑财力、物力、人力等政策资源的供给压力，杜绝"政策梗阻"现象产生。更为重要的是，要正视农村转移人口人力资本水平与经济社会未来发展趋势，从农村转移人口迁移城镇后长远生存与发展的角度进行资源配置。就新资源的具体形式而言，不应再局限于传统、静态、形式单一的自然资源，而应过渡到现代、动态、多元、制度化的社会资源，体现出城市文明与工业文明的特点，迎合新社会需求。简言之，坚持以市民化为基本方向，通过完善城镇管理制度与公共服务体系，为农村转移人口提供涵盖劳动就业、义务教育、公共住房、社会保障、医疗卫生在内的各种公共资源。

三　推动农村转移人口退出农地的有效路径：瞄准目标人群

考虑到庞大人群基数、观念转变时滞性、资源置换效率、城镇化进度，以及制度变迁时空成本，农村转移人口退出农地注定将是个长期性、艰巨性、系统化工程。如前所述，农村转移人口退出农地的基本前提是有能力在城镇生存且得到政府必要扶持，这决定了退地人群在时序上必然是有先有后。这包括两层内涵：一是"先锋队"将是家庭有一定经济实力、受教育水平相对较高、思想较先进、外出务工年限较长、社会关系较丰富的人群，他们会是政策引导的重点；二是相当一部分"老、弱、病、残、贫"群体若无外界帮扶，事实上已经很难在城镇重新安排生活，无论在主观上还是在客观上都只能继续留守农村。然而，国家发展战略调整势在必行，新型工业化、新型城镇化、农业现代化、信息化的同步发展已经迫在眉睫，决策层不能静候农村转移人口退出农地行为自然演进，而要主动选择有效路径来加快改革进程。概括而言，即瞄准目标人群，优先引导、统筹规划、合理安置，形成"鼓励一批、退出一批、完成一批"的局面，促成"以点带面，渐进消化"效应的发挥，稳步推进农村转移人口退出农地，这同时也是农村转移人口有序迁移的应有之义。

第四节　推动农村转移人口退出农地的政策建议

一　转变农村转移人口的农地保障思维

以资源置换来调整保障基础为农村转移人口退出农地提供了可能，但这仅是在外部环境上创造先决条件，仍需加强对农村转移人口思想引导，弱化其农地保障固有思维，推动其积极顺应时代发展而接受新保障模式。一方面，要重视社会舆论宣传对农村转移人口的激励作用。通过新闻媒介、网络体系、社区组织、中介机构、党政部门、民间机构等各种渠道，强化农村转移人口对于城镇医疗、养老、工伤、失业、生育等社会保障制度的认知能力、解读能力与接受能力，解决信息不对称问题，消除其对城镇教育、卫生、文化、医疗等公共服务体系的理解禁区与思想误区，提高其对退出农地后获得可预期新归宿的信心。另一方面，发挥先期退出农地人群在农村"圈层社会"中的榜样示范效应。积极利用各种行政及社会资源，在住房、就业、教育等各领域妥善安置先期退出农地人群，使其较好地获取就业机会并融入城镇社会，继而在以宗族、乡亲、血缘等为纽带的农村社会关系中广泛传播，带动后续关系密切的观望群体加入自愿退农行列。

二　健全农地退出利益补偿机制

诸多实践表明，农村转移人口是理性经济人，显性的利益补偿是其现阶段退出农地的主要驱动力。国家发展战略调整必然不是以损害农民利益为代价的，决策层尤其需要避免部分发展中国家及地区所呈现的大量都市贫民窟现象。农地退出利益补偿由来已久，但长期备受争议，矛盾集中于补偿标准与补偿费用分摊方式。对于前者，要以保障退出农地人群基本生活需求为依据，通过货币补偿、实物补偿与融入城市给农村转移人口带来的非收入效用来抵消其失地后所失效用，例如，分别针对退出农地家庭成员而发放养老金、失业补助金与教育助学金，以城市房屋置换农村宅基地，建立新型农村转移人口社区，城市廉租房与经济适用房向离农人群倾斜，由政府出面组织农户开展土地股份化经营并提供担保，各级教育机构降低入学门槛，设立农村转移人口加入城市社会保障体系的"绿色通道"、专设社区互助及咨询组织等。对于后者，要确立由中央政府、地方政府、企业为出资主体，涵盖各类资金在内的补偿费用分摊方案。尤其需要指出的是，为保证补偿效率及效果，应尽可能减少补偿费用对土地出让金的依赖，转而加大财政专项转移支付力度，以补偿费用足额、及时、方便地发放到退出农地人群手中为基准，尽可能化解出资主体间行为博弈与利益纷争的负面影响，压缩中间环节的交易费用与实施成本。

三　加大农村转移人口重点人群的退出农地支持力度

农村转移人口退出农地尽管在理论支撑上已较为成熟，但在实践中仍处于摸索阶段，在形式上应是迂回式协调退出，这决定了以重点人群为突破口进行政策先行先试尤为必要。根据调查情况，30 岁以下青年群体、文化程度较高群体、家庭条件较好群体所具备的人力资本水平较高、思想观念较为先进，对退出农地以及退出农业领域的前景较为看好，迁居城镇意愿较为强烈，可列为目标人群。据此，有必要积极完善以就业准入、就业登记、就业服务、劳动保障、就业培训为主要内容的就业促进机制，重点支持其在城镇站稳脚跟并积极接受新的生活理念与生活方式，提高市民化的信心与比重。例如，可依托当前"大众创业、万众创新"的时代契机，顺应生产方式、销售模式、服务形式的新变化，尝试整合各类公共与商业资源，鼓励农村转移人口投身于互联网电子商务以及兴办各类小微企业，在财政方面可建立创业基金并提供贷款担保、贴息、税收减免等，在金融方面可有针对性地降低贷款利率、改善贷款条件、增强金融服务、创新抵押条件、扩大小额信贷规模等，工商部门可简化小微企业创办手续与管理方式，政府采购时优先考虑农村转移人口生产的产品及提供的服务，各级政府可建立劳保公司并提高公共服务人员招收比例等。

第七章　中国农村转移人口的市民化机制

　　市民化既是农村转移人口退出农地后的必然归宿，又是打消其保障顾虑的直接途径，更是新型城镇化持续健康有序发展的客观需要。据此，亟待在概念解读的基础上，结合对农村转移人口相关意愿与态度的调查与分析，科学设计合理有效的市民化机制。

第一节　农村转移人口市民化的概念解读

　　关于农村人口"市民化"概念的提出，学界研究最早可追溯到浙江大学黄祖辉教授在《经济研究》1989年第3期所发表的文章《农村工业化、城市化和农民市民化》。2013年中央"一号文件"正式使用"市民化"提法，指出要"有序推进农业转移人口市民化"。之后，党和政府的一系列重大政策文件不断强调"市民化"的重大战略意义。目前，理论界多以农民工市民化来总体替代农村转移人口市民化、农业转移人口市民化、农民市民化等概念，即指农民流入城市就业并生活，成为城市新市民和逐步融入城市的过程，与之相伴的不仅是农民职业上的转变，而且是从传统乡村文明向现代城市文明的整体转变①。

一　农村转移人口市民化的客观必然性

　　农村转移人口市民化既有理论依据，又有现实基础，且主要受主客

---

① 国务院发展研究中心课题组：《农民工市民化：制度创新与顶层政策设计》，中国发展出版社，2011，第46页。

观两大因素推动。主观因素是农民工大规模返回农村不再现实。一方面,新生代农民工逐渐成为农村转移人口主力军,对于定居城镇相对充满热情与憧憬,敢于承担风险、开展投资、努力拼搏,且在很大程度上已经失去在农村继续务农的技能与意愿,乡土情结相对淡薄。换言之,以新生代为主体的农民工留在城镇已经成为政策必须面对的紧迫事实。另一方面,随着农村人口大规模转移,农业越来越倾向于使用节约劳动的生产方式。自 20 世纪 90 年代以来,水稻、玉米、小麦等主要粮食作物的劳动总投入和单位面积劳动投入都在迅速下降,而农业机械投入则大幅增加,资本 – 劳动投入比迅速提高,而 2004 年以来农业劳动力成本更是显著提高。据此,有学者指出,农业已经不可能再吸纳大量的农民工返回农业生产[1],至多是农村为希望返乡的农民工提供养老安居之所,农村转移人口极有可能陷入既融不进城市也回不到农村的尴尬局面。市民化的客观因素是新型城镇化进程加快的大势所趋。新型城镇化是针对传统城镇化的相对概念,不仅是"建设",也是"提质",更是"改革"。传统城镇化历时多年,已经进入"亚健康状态",亟待创新与调整。新型城镇化是经济新常态下全面深化改革的抓手,强调"以人为本",根本性变化在于提倡"人口城镇化"而非"土地城镇化",其发展进程亦是农村转移人口市民化进程,需要农村人口不间断向城市转移并完成从农民到市民的转变。根据 2014 年 3 月 5 日李克强总理在十二届全国人大二次会议上做《政府工作报告》时所言,以人为核心的城镇化具体要解决三个"一亿人"问题,即促进一亿农村转移人口落户城镇,改造约一亿人居住的城镇棚户区和城中村,引导约一亿人在中西部地区就近城镇化。近年来,党和政府之所以高度重视农村转移人口市民化问题,正是源于"一手坚决破除旧制,一手坚决保证发展,一次改革,两线开展"的宏大构想,即基于农村转移人口市民化,既以此为平台来破除延续已久的城乡分割二元体制,统筹城乡发展,又以此为契机推动新型城镇化建设,扩大内需并形成新的经济增长点,最终实现社会稳定与经济发展的战略目标。

---

[1] 王美艳:《农民工还能返回农业吗?——来自全国农产品成本收益调查数据的分析》,《中国农村观察》2011 年第 1 期。

二　农村转移人口市民化的对象选择性

农村转移人口市民化并非毫无原则的"能化则化"。从本质上讲，当前强调农村转移人口"需要"市民化，源于市民化的历史欠账太多，这些历史欠账导致原有城乡二元结构非但没有打破，反而逐渐形成新的城镇居民、农村居民和城镇农民工的三元结构，农村转移人口市民化是从经济社会发展与公平角度出发所做出的重大决定，不能简单理解成一种带有福利性质的"大锅哄"行为。从理论上讲，农村转移人口并非都具备离农条件，同时，并非所有农村转移人口都有市民化的主观需求与客观必要，要在立足于区域差异性与个体异质性的基础上，正视农村转移人口受生命周期、故乡情结、家庭成员、生活水平等影响的现实，并考虑目前城市整体承载力，否则不免造成城市社会管理难题，甚至引发如国外般的城市"贫民窟"问题。事实上，如何控制城市无序扩展同样也是世界各国共同关注焦点。换言之，在主观认知待提升与客观环境待改善的背景下，农村转移人口市民化至少在短期内注定将是一个优胜劣汰的过程，农村人口择优转移与城市择优吸纳的现实也会长期并存，适者生存仍是基本准则。根据黄锟的描述，解决农民工问题的基本思路与途径主要包括三方面：市民化、回流与返乡创业、改善农民工待遇和生存状况①。当前，农村人口，特别是农村转移人口出现较为明显的人群分层、代际分化现象，不同群体的劳动技能、知识储备、体力精力、思维方式、社会资源、家庭负担、经济保障等各有不同，导致不同群体实现市民化的概率、时机、序列等出现差异。为尊重农村转移人口主体地位，同时避免"拔苗助长"，现阶段农村转移人口不能在形式上为"离农"而"离农"，必须理性择定市民化对象。

三　农村转移人口市民化的内涵多元性

农村转移人口市民化的内涵是指以农民工整体融入城市公共服务体系为核心，推动农民工个人融入企业、子女融入学校、家庭融入社区，也就是农民工在城市"有活干，有学上，有房住，有保障"。从形式上看，农村转移人口市民化既是一个过程，也是一个结果。在经历了退出农村、进入城市、

---

① 黄锟：《中国农民工市民化制度分析》，中国人民大学出版社，2011，第1页。

融入社会等一系列环节后，农村转移人口市民化应产生以下结果。一是职业市民化。市民化后的农村转移人口应该享受平等就业权利，包括在就业市场准入上保障劳动者平等获得就业机会的权利、平等获得劳动报酬的权利与平等获得公共资源和公共服务的权利，实现由非正规就业的农民工向正规就业的非农产业工人转变。二是社会身份市民化。市民化后的农村转移人口应被覆盖于各类社会保障制度之中，要确保进城农民在就业、住房、养老、医疗、教育等方面与城市居民享受同等待遇，实现由农民向市民转变。三是自身素质市民化。市民化后的农村转移人口要主动规范自身行为，提高自身修养，适应城市节奏，接受城市文明，融入城市社会。四是意识行为市民化。市民化后的农村转移人口应积极培育正确价值观念，包括以民主法制教育来优化政治价值观，以培育竞争意识来优化经济价值观，以加强社会公德、职业道德与传统美德教育来优化道德价值观，以引导沟通交流来优化人际价值观。简言之，农村转移人口市民化并不是简单地通过调整户籍制度就可以解决的，户口的转换仅是形，服务的分享才是实。农民工市民化过程在本质上是公共服务均等化与个人身份正规化的同步过程，其中必然涉及人力、财力、物力等利益的重新调整与资源的重新分配。

第二节　农村转移人口市民化现状的调查与分析

一　农村转移人口的社会联系度分析

（一）农村转移人口与农村社会关系的联系情况分析

总体来看，样本人群即便外出务工也经常与农村亲友保持联系。其中经常联系的人群比重高达64.5%，偶尔联系与几乎不联系的人群比重分别为31%与4.5%（见表7-1）。即便是分特征考察，保持经常联系的样本人群也几乎占据所有类型群体的60%~80%，且大体呈现男性群体与女性群体比重相当、已婚群体比重大于未婚群体的特点，50岁及以上群体、受大专及以上教育群体、家庭生活水平中等以上群体比重更是分别达到70.8%、70.6%与72.5%。这表明农村转移人口与农村社会、亲友总是存在千丝万缕联系，在情感上不可能彻底脱离，各种血缘、亲缘、地缘关系都在不同程度上影响样本人群的生活态度。根据实地访谈可知，多数受访对象表示无论是否能够市民化，无论主观上情不情愿，无论客观上允不允许，其农村社会关系将在很长一段时间内，甚至是一生内都不会中断，离农注定只能在形式上完成，难以在心理上实现。

表 7 - 1　农村转移人口与农村亲友联系情况分析

单位：%

与农村亲友联系情况		经常联系	偶尔联系	几乎不联系
总体		64.5	31	4.5
年龄	30 岁以下	62.1	34.6	3.3
	30~39 岁	61.2	37.8	1
	40~49 岁	66.2	27.5	6.4
	50 岁及以上	70.8	21.5	7.7
性别	男	64.7	30.8	4.5
	女	64.1	31.3	4.6
婚姻状况	已婚	65.7	29.8	4.5
	未婚	60.8	35	4.2
	离异或丧偶	66.7	26.7	6.6
文化程度	小学及以下	65.8	28.9	5.3
	初中	64	31.1	4.9
	高中或中专	61.3	34.7	4
	大专及以上	70.6	29.4	0
家庭生活水平	中等以下	63.2	32.4	4.4
	中等	61.9	32.7	5.4
	中等以上	72.5	25	2.5

（二）农村转移人口与城镇社会关系的联系情况分析

总体来看，样本人群与城镇亲友的联系程度有限。其中，经常联系的人群比重只有 30.6%，偶尔联系、几乎不联系与完全不联系的人群比重分别为 44.7%、11.7% 与 1.3%，甚至还有 11.7% 的群体在城镇没有亲友（见表 7 - 2）。即便是分特征考察，保持经常联系的样本人群比重在所有类型群体中也相对不高，且大体呈现男性群体比重大于女性群体、已婚群体比重大于未婚群体、40 岁以下群体比重更高、随受文化程度与家庭生活水平提高而增加的特点。概括而言，除受文化程度较高与家庭生活水平较高的群体在人际交往上相对更为广泛外，多数农村转移人口的城镇社会关系极为有限，无论在行业上，还是在区域上都十分狭窄。根据实地访谈可知，多数受访对象，尤其是单身外出群体表示在城镇生活倍感孤独、迷茫甚至封闭，难以融入城镇生活，有限的亲友也多数为生存而忙碌，既没有足够的交流时间，也缺乏沟通的共同语言，从而没有经常联系的习惯。特别是即便配偶、老人、孩子来到身边探视，也经常因为缺乏与周边人群沟通而在短暂团聚后主动要求返回农村，这将对农村转移人口定居城镇产生较为强烈的反向心理暗示，长此以往，使其既缺乏定居城镇的外界帮扶，也失去市民化的兴趣与热情。

表7－2 农村转移人口与城镇亲友联系情况分析

单位：%

与城镇亲友联系情况		经常联系	偶尔联系	几乎不联系	完全不联系	城镇无亲友
总体		30.6	44.7	11.7	1.3	11.7
年龄	30岁以下	30.6	49.7	7.7	1.1	10.9
	30~39岁	37	44	9	1	9
	40~49岁	26.2	42.2	16.1	1.9	13.6
	50岁及以上	34.3	39.1	14.1	0	12.5
性别	男	32.2	43.5	11.8	1.2	11.3
	女	26	48.1	11.4	1.5	13
婚姻状况	已婚	31	42.9	13.5	1.4	11.2
	未婚	28.9	52.1	5.8	0.8	12.4
	离异或丧偶	10	70	0	0	20
文化程度	小学及以下	23.9	44.5	13.5	1.3	16.8
	初中	33	45.5	10.1	1.3	10.1
	高中或中专	30.7	41.3	18.7	1.3	8
	大专及以上	36.4	48.5	3	0	12.1
家庭生活水平	中等以下	22.3	43.2	14.4	1.4	18.7
	中等	29.9	48	9.9	1.7	10.5
	中等以上	41.3	38.9	13.2	0	6.6

二 农村转移人口的社会认同度分析

总体看，样本人群的社会认同度相当有限。根据样本人群自身感知，城镇人口对其非常欢迎、比较欢迎、一般化、不太欢迎与说不清楚的人群比重分别是 6.7%、16.9%、55.7%、14.2% 与 6.5%（见图 7-1）。根据实地访谈，多数受访对象表示自身在城镇务工时主要从事较为低层次的工作，与城镇居民就业领域有所区别，故在就业竞争中并未产生明显的冲突与矛盾。然而，由于言谈举止、衣着打扮、生活方式、卫生习惯、消费观念等差异，他们能够明显感觉到其并未被城镇居民认同，很多社会舆论也对农村转移人口进行过度负面的宣传炒作，城市中存在对农村转移人口多方面的社会排斥，导致外来务工人员的城镇归属感不强。

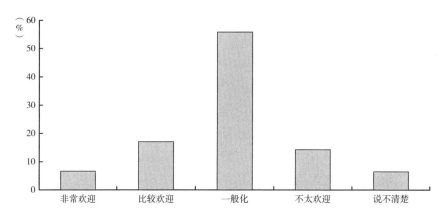

图 7-1　城市人口对农村转移人口的接受度构成分析

三　农村转移人口的市民化意愿分析

（一）农村转移人口定居城镇的意愿分析

1. 不同年龄农村转移人口的定居城镇意愿分析

总体来看，不同年龄段样本人群定居城镇的意愿差异较为明显，并呈现年轻群体大于中老年群体的特征。除 30 岁以下群体选择"愿意，想在城镇定居"以及"未考虑，但依目前情况会留城"的比重达到 51.4%——超过半数外，随着年龄增加，相关群体的比重依次递减为 48%、40.8% 与 33.8%（见表 7-3）。从选择"不愿意，年纪大了就回家"的角度看，随着年龄增加，人群比重同样递增，50 岁及以上群体的比重更是高达 56.9%。这印证了之前关于新生代农民工倾向于城市生活，而第一代农民工更倾向于回归家乡的观点。从年龄视角进行分析，农村转移人口的流动过程在本质上是一个不断新老交替的过程，同时也是部分群体被城镇吸纳，而部分群体在年老后离开城镇的过程。随着经济社会进一步发展以及城镇化进程不断加快,更多农村转移人口在外出务工过程中会立足于岗位,站稳于城镇,继而实现市民化。

表 7-3　不同年龄农村转移人口的定居城镇意愿构成分析

单位：%

定居城镇意愿	30 岁以下	30~39 岁	40~49 岁	50 岁及以上
愿意,想在城镇定居	29	29	23.8	20
未考虑,但依目前情况会留城	22.4	19	17	13.8
若生活状况好转,会定居城镇	35	25	12.1	9.3
不愿意,年纪大了就回老家	13.6	27	47.1	56.9

2. 不同性别农村转移人口的定居城镇意愿分析

总体来看,样本人群中女性群体定居城镇的意愿强于男性群体。男性群体选择"愿意,想在城镇定居"以及"未考虑,但依目前情况会留城"的比重仅为 42.6%,而女性群体比重则高达 54.3%,超过半数。从选择"不愿意,年纪大了就回家"的角度看,男性群体 36.5% 的比重也高于女性群体的 23.3%。此外,选择"若生活状况好转,会定居城镇"的女性群体比重为 22.4%,同样高于男性群体的 20.9%（见表 7-4）。可能的解释是男性农村转移人口的思维更趋于理性,具有更强的家庭责任感与生活警惕性,倾向于保守地看待定居城镇,并坚持将回归农村视为生活"退路";而女性农村转移人口的思维则更为感性,追求更高品质生活的信念更为强烈,对子女未来生存状态更为牵挂,相对热衷于城市生活。

表 7-4　不同性别农村转移人口的定居城镇意愿构成分析

单位：%

定居城镇意愿	男	女
愿意,想在城镇定居	25.7	29.5
未考虑,但依目前情况会留城	16.9	24.8
若生活状况好转,会定居城镇	20.9	22.4
不愿意,年纪大了就回老家	36.5	23.3

3. 不同婚姻状况农村转移人口的定居城镇意愿分析

总体来看,不同婚姻状况样本人群定居城镇的意愿差异较为不显著。已婚群体中明确选择"愿意，想在城镇定居"与"不愿意，年纪大了就回老家"的比重分别为27%与37%，均大于未婚群体的24%与19%。同时，未婚群体中选择"未考虑，但依目前情况会留城"与"若生活状况好转，会定居城镇"的人群比重分别为24.8%与32.2%，均分别大于已婚群体的17.9%与18.1%（见表7-5）。此外，离异或丧偶群体明显表露出年老回归家乡的想法，人群比重高达53.4%，反映出他们对故乡生活的留恋与缺乏城镇定居意愿。根据实地访谈可知，已婚群体的观念存在两极分化情况，部分人群为家庭长远考虑，为子女未来考虑，结合外出务工经历，希望可以凭借家庭成员共同努力来实现"出村入城"；部分人群则通过外出务工获得另外一种感知，即城镇生活不易，尤其是房价居高不下以及社会保障尚不明朗，在预感无力实现家庭整体在城镇安居的前提下，与其在压力下艰辛求活，不如年老后退而养身。至于未婚群体，多数属于年轻人与新生代农民工，尚未形成明确的市民化观念，主要持观望态度，需进一步根据外出务工体验来强化认知，继而做出决策。

表7-5　不同婚姻状况农村转移人口的定居城镇意愿构成分析

单位：%

定居城镇意愿	已婚	未婚	离异或丧偶
愿意,想在城镇定居	27	24	13.3
未考虑,但依目前情况会留城	17.9	24.8	20
若生活状况好转,会定居城镇	18.1	32.2	13.3
不愿意,年纪大了就回老家	37	19	53.4

4. 不同文化程度农村转移人口的定居城镇意愿分析

总体来看，随文化程度提高，样本人群定居城镇的意愿明显增强。其中，只接受过小学及以下教育的群体选择"愿意，想在城镇定居"与"未考虑，但依目前情况会留城"的比重仅为34.8%，接受初中与高中或中专教育的群体比重则分别上涨到48.1%与42.7%，而接受大专及以上教育的群体比重则高达75.7%。同样，选择"不愿意，年纪大了就回老家"的人群比重也基本随文化程度提高而递减，分别是48.4%、29.1%、29.3%与9.1%（见表7-6）。文化程度是评价农村转移人口综合素质的核心标准，也是决定其城镇生存状态的重要参考指标。在就业市场对劳动力技能要求不断高涨的背景下，文化程度越高的人群越有能力获得稳定就业机会与良好生活环境，其定居城镇的可能性与自信心也会大大增加；文化程度越低的人群就业范围越狭窄，他们只能徘徊于体力型、补偿性、临时性等就业岗位之间，无论是社会地位，还是经济保障都不尽如人意，长此以往也会逐渐被动态变化的劳动力市场所遗弃，沦为无论是主观上还是客观上都会被市民化进程所淘汰的边缘群体。

表7－6　不同文化程度农村转移人口的定居城镇意愿构成分析

单位：%

定居城镇意愿	小学及以下	初中	高中或中专	大专及以上
愿意,想在城镇定居	20.6	27.7	24	51.5
未考虑,但依目前情况会留城	14.2	20.4	18.7	24.2
若生活状况好转,会定居城镇	16.8	22.8	28	15.2
不愿意,年纪大了就回老家	48.4	29.1	29.3	9.1

5. 不同家庭生活水平农村转移人口的定居城镇意愿分析

总体来看，不同家庭生活水平样本人群定居城镇的意愿较为平均，家庭生活水平中等以下、中等与中等以上群体"愿意，想在城镇定居"的比重分别是26.3%、25.3%与29.8%。然而，选择"不愿意，年纪大了就回老家"的人群比重则随家庭生活水平上升而下降，分别是41.6%、31.8%与28.9%（见表7－7）。此外，选择"未考虑，但依目前情况会留城"与"若生活状况好转，会定居城镇"的群体比重也大致相当，并无明显差异。与文化程度相似，家庭生活水平同样也是衡量农村转移人口在城镇定居能力的重要依据。事实上，受教育水平与家庭生活水平在很大程度上也存在同质性，两者间因果关系较为密切。越是家庭生活水平高的群体，越是在经济实力支撑下能够营造更加良好的生活氛围，越是能够避免经济负担所带来的生存压抑，越是能够更好地在城镇站稳脚跟；越是家庭生活水平低的群体，越是因经济窘迫而在心理与物质上承担更多压力，越是因疲于谋生而难以理性思考定居城镇的可能性，更常见的状态是他们在不断奔波中逐渐步入外出职业生涯末期，最后理所当然地回归农村。更进一步讲，发达地区经济社会发展水平较高，为"追赶"当地社会平均生活水平，家庭生活水平低的农村转移人口具有更强烈的定居城镇意愿；而欠发达地区经济社会发展水平相对低下，多数农村转移人口的经济基础较为薄弱，往往正是生活水平中上的家庭才有更强的落户城镇能力与意愿。

表7－7　不同家庭生活水平农村转移人口的定居城镇意愿构成分析

单位：%

定居城镇意愿	中等以下	中等	中等以上
愿意,想在城镇定居	26.3	25.3	29.8
未考虑,但依目前情况会留城	15.3	20.3	19
若生活状况好转,会定居城镇	16.8	22.6	22.3
不愿意,年纪大了就回老家	41.6	31.8	28.9

（二）农村转移人口对待城镇户口的态度分析

1. 不同年龄农村转移人口对待城镇户口的态度分析

总体来看，样本人群中年轻群体对于城镇户口的重视程度要大于中老年群体。不同年龄段群体中认为城镇户口"非常重要"与"比较重要"的人群比重分别为36.6%、39%、30.4%与30.2%，而认为城镇户口"不太重要"与"完全不重要"的不同年龄人群比重分别为38.8%、37.9%、52.2%与57.1%（见表7－8）。由此可知，以40岁为分界点，随年龄增加，样本人群对于城镇户口的向往程度递减。40岁以下的农村转移人口往往年富力强、组建家庭时间相对不长、受教育水平相对较高，多为新生代农民工，目前是农村外出务工人员的中坚力量，无论在主观意愿上还是在客观条件上都是农村转移人口市民化的主流群体，希望通过获取城镇户口来实现真正的身份转变。40岁以上的农村转移人口开始步入外出职业生涯末期，家庭稳定且存在不同原因的负担，受教育水平相对较低，在相对漫长的外出务工经历中已经形成明确的市民化观，即便愿意定居城镇，也更加强调生活的形式而非身份的调整，即注重"常住化"而非"户籍化"，对于能否取得城镇户口不太重视。

表7－8　不同年龄农村转移人口对待城镇户口的态度分析

单位：%

态度	30岁以下	30～39岁	40～49岁	50岁及以上
非常重要	14.2	20	14	12.7
比较重要	22.4	19	16.4	17.5
一般重要	24.6	23.1	17.4	12.7
不太重要	29.5	29.5	35.8	36.5
完全不重要	9.3	8.4	16.4	20.6

2. 不同性别农村转移人口对待城镇户口的态度分析

总体来看，样本人群中女性群体对城镇户口的重视程度明显大于男性群体。男性群体认为城镇户口"非常重要"与"比较重要"的人群比重仅为30.7%，而女性群体比重则达到44.5%；男性群体认为城镇户口"不太重要"与"完全不重要"的人群比重达到48.6%，远高于女性群体的37.5%（见表7-9）。如前所述，农村转移人口受限于自身素质与信息获取渠道，在关于城镇户籍的解读上往往存在信息不对称，在识别依附于城镇户籍之上的一系列社会福利问题上存在很大模糊性与不确定性，少数人群甚至将城镇户籍简单理解成一种身份象征或形式。根据实地访谈，部分受访对象表示，即便能够实现市民化，但由于缺乏人际关系、文化水平有限、城市软歧视、行政手续烦琐、个人资料残缺等，在享受社会保障等权利的过程中也难免存在滞后、延误、刁难、难以动态对接，甚至丧失权利的问题。多数农村转移人口家庭以男性家庭成员为主导，其相对更为务实与谨慎的性格深刻影响家庭整体决策。

表7-9 不同性别农村转移人口对待城镇户口的态度分析

单位：%

态度	男	女	态度	男	女
非常重要	13.3	20.3	不太重要	33.8	29.7
比较重要	17.4	24.2	完全不重要	14.8	7.8
一般重要	20.7	18			

3. 不同婚姻状况农村转移人口对待城镇户口的态度分析

总体来看，不同婚姻状况样本人群对城镇户口的态度较为平均化。已婚群体与未婚群体中认为城镇户口"非常重要"与"比较重要"的人群比重分别为33.6%与35.5%，认为城镇户口"不太重要"与"完全不重要"的人群比重分别为46.8%与39.7%（见表7-10）。此外，离异与丧偶群体明显表现出对城镇户口无所谓的态度。已婚群体相对于未婚群体而言，在家庭未来发展，尤其是子女教育问题上更为关注城镇户口。根据实地访谈，多数受访对象表示留守儿童是内心最大牵挂，然而由于国家近年来高度重视农民工子弟学校建设，加上经济实力有限与内心自卑感，农村转移人口已不过多计较取得城镇户口与获取更优质教育资源的关联性。

表7-10　不同婚姻状况农村转移人口对待城镇户口的态度分析

单位：%

态度	已婚	未婚	其他
非常重要	15.4	13.2	6.7
比较重要	18.2	22.3	13.3
一般重要	19.6	24.8	6.7
不太重要	33.8	29.8	40
完全不重要	13	9.9	33.3

4. 不同文化程度农村转移人口对待城镇户口的态度分析

总体来看，随文化程度提高，样本人群对城镇户口的重视程度明显增强。受小学及以下、初中、高中或中专教育的群体中认为城镇户口"非常重要"与"比较重要"的人群比重分别为32.7%、32.8%与32%，但受大专及以上教育的人群比重则高达54.5%；认为城镇户口"不太重要"与"完全不重要"的人群比重依次为51.6%、43.4%、53.3%与24.3%（见表7-11）。相对而言，文化程度较高群体为离村进城已经进行大量准备工作，获取城镇户口早已是既定目标；而文化程度较低群体则不抱有留居城镇的想法，自然对城镇户口持无所谓态度。

表7-11　不同文化程度农村转移人口对待城镇户口的态度分析

单位：%

态度	小学及以下	初中	高中或中专	大专及以上
非常重要	17	12.9	14.7	24.2
比较重要	15.7	19.9	17.3	30.3
一般重要	15.7	23.8	14.7	21.2
不太重要	32	32.9	41.3	18.2
完全不重要	19.6	10.5	12	6.1

5. 不同家庭生活水平农村转移人口对待城镇户口的态度分析

总体来看，不同家庭生活水平样本人群对待城镇户口的重视程度较为平均。意外的是，家庭生活中等以下水平群体中认为城镇户口"非常重要"与"比较重要"的比重反而略高，达到40.5%，高于家庭生活中等水平与家庭生活中等以上水平群体的33.8%与36.4%；但家庭生活中等以下水平认为城镇户口"不太重要"与"完全不重要"的人群比重高达56.6%，高于家庭生活中等水平与家庭生活中等以上水平群体的44.4%与35.6%（见表7－12）。与文化程度相似，家庭生活水平较高群体的市民化意愿较为强烈，获取城镇户口也被视为"计划内任务"；而多数家庭生活水平较低群体则对获取城镇户口不太关心。

表7－12　不同家庭生活水平农村转移人口对待城镇户口的态度分析

单位：%

态度	中等以下	中等	中等以上
非常重要	22.1	15.5	14.4
比较重要	18.4	18.3	22
一般重要	10.3	21.7	28
不太重要	33.8	34.1	28
完全不重要	15.4	10.3	7.6

四　农村转移人口的市民化顾虑分析

（一）农村转移人口外出务工的困难分析

1. 不同年龄农村转移人口外出务工的困难分析

总体来看，不同年龄段样本人群外出务工的困难既有共性，又有差异。所有年龄段样本人群都将"社会关系少，办事难"与"收入低"列为外出务工困难的前两位，比例分别为24.6%与17.5%、31%与14%、20.3%与25.1%、23.9%与20.9%（见表7－13）。这反映出农村转移人口在城镇属于外来的弱势群体与边缘群体，缺乏足够能力来维护自身权利与改善生活环境，还承担着巨大经济压力。同时，30岁以下群体中选择"缺乏技能"的比重为10.4%，反映出新生代农民工逐渐意识到劳动力市场需求在不间断发生变化，若无特殊专业技术能力与一定的受教育水平将愈发难以适应就业岗位新要求，职业培训重要性日益凸显；30～39岁群体中选择"工作压力大"的比重为12%，而40～49岁与50岁及以上群体中选择该项的比重也有10.6%与10.4%，反映出人到中年后，体力和精力逐渐进入衰退期，加上需要随工作环境变化而不断更新职业技能，承担脏、累、苦、危险等工作愈发力不从心;40~49 岁群体中选择"工作难找"的比重为 9.7%,更加反映出优胜劣汰的就业机制在发挥作用,对既缺乏技能又丧失体力的"老农民工"产生"挤出效应";50 岁及以上群体选择"工资拖欠"的比重为 17.9%,也昭示了其"打一天工抓紧得一份钱"的心态,他们预感到自身已经或正在被市场淘汰,希望尽量延长外出务工职业生涯并格外看重眼前经济回报。简言之,随着年龄的增长,农村转移人口外出务工面临的主要困难便是因自身能力下降与自身素质缺陷暴露而引发的就业机会可获得性降低。

表 7-13 不同年龄农村转移人口外出务工的困难分析

单位:%

困难	30 岁以下	30~39 岁	40~49 岁	50 岁及以上
社会关系少,办事难	24.6	31	20.3	23.9
工作压力大	9.8	12	10.6	10.4
住房解决难	9.8	9	6.3	6
工作难找	9.8	4	9.7	6
子女入学麻烦	2.2	6	3.9	0
受歧视	0.6	0	1	1.5
收入低	17.5	14	25.1	20.9
缺乏技能	10.4	9	9.6	10.4
工资拖欠	4.4	9	8.6	17.9
消费高	9.3	6	3.9	3
家中土地流转困难	0	0	0	0
城市医疗保险解决难	1.6	0	1	0

2. 不同性别农村转移人口外出务工的困难分析

总体来看,"社会关系少,办事难"与"收入低"仍是所有群体都认同的主要外出务工困难,在男性群体与女性群体中比重分别为 26.1% 与 17.8%、22.1% 与 22.9%。同时,男性群体选择"工作压力大"与"工资拖欠"的比重分别为 12.2% 与 9.7%,体现出其对于就业并取得收入的高度重视;而女性群体选择"工作难找"与"缺乏技能"的比重为 10.7% 与 12.2%,体现出女性在求职能力上相对仍处于劣势,更加重视获取就业机会,从而有效补充家庭经济收入,此外,还有 10.7% 的女性群体选择"住房解决难",体现出其对改善外出务工生活环境的关注与期待(见表 7-14)。

表 7-14   不同性别农村转移人口外出务工的困难分析

单位：%

困难	男	女	困难	男	女
社会关系少,办事难	26.1	22.1	收入低	17.8	22.9
工作压力大	12.2	5.3	缺乏技能	9.1	12.2
住房解决难	7.1	10.7	工资拖欠	9.7	4.6
工作难找	7.5	10.7	消费高	5.4	7.6
子女入学麻烦	3.1	3.9	家中土地流转困难	0	0
受歧视	1	0	城市医疗保险解决难	1	0

3. 不同婚姻状况农村转移人口外出务工的困难分析

总体来看，不同婚姻状况群体对于外出务工困难的排序相当且比例较为平均化。其中，选择"社会关系少，办事难"、"收入低"与"工作压力大"的人群比重分别为 22.8%、20.2% 与 10.5%，25.8%、19.2% 与 10%，20%、46.6% 与 13.3%。客观而言，就业困难是市场外因，婚姻状况是内因，两者关联度并不高。就个别特征而言，已婚群体出于对家庭重视，对于住房问题的不满更甚；未婚群体则由于多属新生代农民工，个人积蓄难免有限，对于城镇高消费所带来的压力感受更明显（见表 7-15）。

表 7-15   不同婚姻状况农村转移人口外出务工的困难分析

单位：%

困难	已婚	未婚	离异或丧偶
社会关系少,办事难	22.8	25.8	20
工作压力大	10.5	10	13.3
住房解决难	8.1	7.5	0
工作难找	9.3	5	0
子女入学麻烦	3	5	0
受歧视	0.7	0.8	6.7
收入低	20.2	19.2	46.6
缺乏技能	10	9.2	6.7
工资拖欠	8.6	10	6.7
消费高	5.6	7.5	0
家中土地流转困难	0	0	0
城市医疗保险解决难	1.2	0	0

4. 不同文化程度农村转移人口外出务工的困难分析

总体来看，随文化程度提高，选择"社会关系少，办事难"的人群比重在增加，选择"收入低"的人群比重在下降，而受大专及以上教育群体选择"工作难找"的比重最高，可能的解释是，文化程度高的人群属于农村转移人口中的知识密集型人群，并不满足于传统农民工就业岗位，也并不仅仅将经济收入视为唯一奋斗目标，希望可以凭借所学所知来开拓就业渠道，实现更多人生价值，从而更好地改变自身观念以更好地接受现代文明与城市生活方式，并尽快实现市民化。然而，由于城镇平等就业制度仍有待健全，如劳资关系不对等、相关均衡措施缺失等，加上社会关系相对有限，该群体的目标实现过程存在诸多障碍。此外，可印证此结论的论据还包括：受大专及以上教育群体选择"消费高"的比重也最高（8.8%），这可归结于其生活水平与消费理念相对接近于城镇居民，经济实力虽超过一般农村转移人口但仍相当有限；选择"受歧视"与"城市医疗保险解决难"的比重为0，表明其具有一定社会地位；选择"缺乏技能"（2.9%）与"工资拖欠"（2.9%）的比重最低，体现其具有较强就业能力（见表7-16）。

表7-16 不同文化程度农村转移人口外出务工的困难分析

单位：%

困难	小学及以下	初中	高中或中专	大专及以上
社会关系少,办事难	18.8	23.5	29.3	38.3
工作压力大	9.7	8.7	21.3	11.8
住房解决难	9.7	6.9	8	8.8
工作难找	9.1	8.3	5.3	11.8
子女入学麻烦	1.9	4.2	1.3	2.9
受歧视	1.3	0.7	0	0
收入低	28.6	18.7	9.3	11.8
缺乏技能	9.7	10.7	10.9	2.9
工资拖欠	5.3	10.7	9.3	2.9
消费高	5.3	6.6	4	8.8
家中土地流转困难	0	0	0	0
城市医疗保险解决难	0.6	1	1.3	0

5. 不同家庭生活水平农村转移人口外出务工的困难分析

总体来看，不同家庭生活水平群体对于外出务工困难的排序相当且比例较为平均化，"社会关系少，办事难"、"收入低"与"工作压力大"也是居于前三位，表明样本群体感触相同。需要指出的是，家庭生活中等以上水平群体选择"住房解决难"（9.2%）与"子女入学麻烦"（5.8%）的比重最高，反映出其城镇生活已经基本摆脱温饱困扰，处于追求更好生活环境的阶段。同时，家庭生活中等以下水平群体选择"受歧视"（2.2%）的比重最高，体现出其仍处于扎根城镇的初期阶段（见表7-17）。

表7-17 不同家庭生活水平农村转移人口外出务工的困难分析

单位：%

困难	中等以下	中等	中等以上
社会关系少,办事难	27.3	21.3	25.8
工作压力大	12.2	10.1	10
住房解决难	7.9	7.4	9.2
工作难找	9.4	9.5	4.2
子女入学麻烦	1.4	3.3	5.8
受歧视	2.2	0	0.8
收入低	18	22	19.2
缺乏技能	9.4	9.8	10
工资拖欠	8.6	8.8	7.5
消费高	3.6	6.8	6.7
家中土地流转困难	0	0	0
城市医疗保险解决难	0	1	0.8

（二）农村转移人口落户城镇的困难分析

1. 不同年龄农村转移人口落户城镇的困难分析

总体来看，住房、收入与社会融合问题成为不同年龄段样本人群落户城镇的主要困难。其中，"住房解决难"在所有群体中的比重都是最高的，分别是43.7%、42%、36.7%与23.8%，且随年龄增加而递减（见表7-18）。住房问题是摆在多数向往落户城镇的农村转移人口面前最迫切的问题。外出务工时可通过雇主或单位提供住房，甚至是租赁住房来临时解决住宿问题，与仅仅外出务工不同，落户城镇意味着整个家庭迁居，需要有独立的安身立命之所。广大农民心怀朴素的观念，即"有房才是有家"。本次调查亦针对样本人群当前的城镇住房情况进行了解。其中，47.9%的群体租赁房屋，37.9%的群体由单位提供住房，购买商品房与自建的群体比重仅为3.4%与2.7%（见图7-2）。解决农村转移人口住房问题具有极其重大的现实意义，不仅有利于农村转移人口尽快融入城镇社会、提高城镇化水平与质量，而且有利于其自身发展和素质提高。同时，30岁以下群体选择"收入低"的比重最高（23.5%），反映出新生代农民工正处于外出职业生涯的初始期，迫切需要经济收入提高来增加其落户城市能力，这将在很大程度上影响其对是否落户城镇的判断；30~39岁群体选择"人生地不熟"的比重最高（17%），该群体正值壮年，具有一定外出务工经验，已经在城镇生活了相当长一段时间，处于家庭落户城市的关键思考期，除物质层面考虑外，更加注重个体在城镇的存在感，重视精神情感层面归属感；40~49岁群体选择"工作难找"的比重最高（12.1%），该群体如前所述已经步入外出职业生涯衰退期，对于就业机会的把握开始心存疑虑，从而影响其落户城镇信心；50岁以上群体选择"受歧视"（4.8%）、"消费高"（12.7%）与"城镇户口难解决"（15.8%）的比重最高，该群体外出务工时间较早，对于户籍制度改革仍持保守态度，不满于长期遭遇的不公平和歧视问题，且由于自身务工能力下降而担忧相对高消费的城镇生活。概括而言，不同年龄段样本人群对于落户城镇思考的多元化也基本反映出农村转移人口对于落户城镇的各种忧虑。

表7-18 不同年龄农村转移人口落户城镇的困难分析

单位：%

困难	30岁以下	30~39岁	40~49岁	50岁及以上
人生地不熟	12.6	17	13	15.9
住房解决难	43.7	42	36.7	23.8
工作难找	3.8	7	12.1	4.8
受歧视	0.6	1	1	4.8
收入低	23.5	9	21.3	22.2
消费高	6	12	9.2	12.7
城镇户口难解决	9.3	12	4.8	15.8
其他	0.5	0	1.9	0

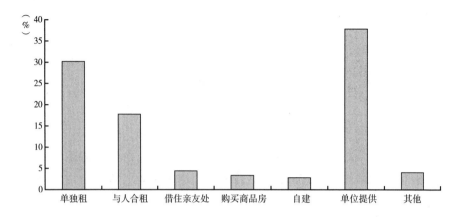

图7-2　农村转移人口住房情况构成

2. 不同性别农村转移人口落户城镇的困难分析

总体来看，"住房解决难"与"收入低"仍是所有群体都认同的主要落户城镇困难，在男性群体与女性群体中的比重分别为38.1%与20.5%、40.5%与20.6%，总计均超过各自群体样本总量的半数。同时，男性群体选择"人生地不熟"与"工作难找"的比重分别为14.4%与8.2%，均大于女性群体，体现出男性对于人际关系缺乏与就业渠道狭窄的忧虑，这两项影响其落户城镇的决策；而女性群体选择"城镇户口难解决"的比重为12.2%，体现出女性对于能否取得正式城镇人口身份的重视与敏感（见表7-19）。

表7-19　不同性别农村转移人口落户城镇的困难分析

单位：%

困难	男	女	困难	男	女
人生地不熟	14.4	12.2	收入低	20.5	20.6
住房解决难	38.1	40.5	消费高	9.2	6.1
工作难找	8.2	5.3	城镇户口难解决	7.8	12.2
受歧视	0.9	2.3	其他	0.9	0.8

3. 不同婚姻状况农村转移人口落户城镇的困难分析

总体来看，不同婚姻状况群体对于落户城镇困难的排序相当且比例较为平均化。其中，选择"住房解决难"、"收入低"与"人生地不熟"的

比重分别为39.5%、19.8%与13%，43%、20.7%与14%，26.7%、20%
和40%。对离异与丧偶群体而言，由于家庭不完整，其在城镇生活倍感落
寞，尤其忧虑社会关系单一所带来的失落感，选择"人生地不熟"的比重
高达40%（见表7–20）。

表7–20 不同婚姻状况农村转移人口落户城镇的困难分析

单位：%

困难	已婚	未婚	离异或丧偶
人生地不熟	13	14	40
住房解决难	39.5	43	26.7
工作难找	7.9	6.6	0
受歧视	1.4	0.8	0
收入低	19.8	20.7	20
消费高	9.3	5	13.3
城镇户口难解决	7.9	9.9	0
其他	1.2	0	0

4. 不同文化程度农村转移人口落户城镇的困难分析

总体来看，随文化程度提高，选择"住房解决难"的人群比重在增
加，选择"工作难找"与"收入低"的人群比重在下降。可能的解释是，
文化程度高的人群正在积极准备落户城镇，已经在实质上开始筹备购置房
产事宜，现实需求更加迫切，但他们由于属于外出务工人员中的精英分
子，就业与收入相对稳定。此外，受小学及以下教育的群体对于"受歧
视"的感触较为突出，比重达到2.6%，这可归因于他们就业岗位层次低
下且属于就业边缘群体，失落感明显；受初中教育的群体选择"消费高"
的比重最高（10%），该群体的就业岗位多属于劳动密集型，收入相对有
限；受高中或中专教育的群体选择"人生地不熟"的比重最高（18.5%）
（见表7–21），该群体不像受大专及以上教育群体具有较强的扎根城镇
能力，目前正积极致力于拓展城镇社会关系，夯实落户城镇基础。简言
之，不同文化程度的群体由于情况有别，在落户城镇问题上考虑的重点
也有所不同。

表 7 – 21　不同文化程度农村转移人口落户城镇的困难分析

单位：%

困难	小学及以下	初中	高中或中专	大专及以上
人生地不熟	14.1	12.1	18.5	14.7
住房解决难	30.7	38.1	53.9	52.9
工作难找	10.3	7.7	3.9	2.9
受歧视	2.6	1	0	0
收入低	25.6	21.1	11.8	8.9
消费高	8.3	10	2.7	5.9
城镇户口难解决	7.1	9.3	7.9	14.7
其他	1.3	0.7	1.3	0

5. 不同家庭生活水平农村转移人口落户城市的困难分析

总体来看，随家庭生活水平提高，选择"工作难找"与"受歧视"的人群比重在下降，同时家庭生活中等以上水平群体选择"人生地不熟"（17.5%）与"住房解决难"（42.5%）的比重最高，体现出基本生存问题对于该群体已不再是主要障碍，其更在乎的是社会融合与安家城镇。需要关注的是，家庭生活中等以下水平群体选择"工作难找"的比重最高（9.4%）（见表 7 – 22），这也昭示了生活水平与就业状态互为表里的密切关系，这在之前分析中也多次体现。

表 7 – 22　不同家庭生活水平农村转移人口落户城市的困难分析

单位：%

困难	中等以下	中等	中等以上
人生地不熟	13.8	12.8	17.5
住房解决难	40.6	36.8	42.5
工作难找	9.4	7.8	5
受歧视	2.9	1	0
收入低	19.6	21.6	17.5
消费高	5.8	8.8	10
城镇户口难解决	6.5	10.9	6.7
其他	1.4	0.3	0.8

五　农村转移人口的市民化影响因素分析

（一）城镇务工收入对农村转移人口外出务工的影响分析

农村转移人口外出务工是市民化的先决条件与初始阶段，可近似地以其外出务工的影响因素来替代其市民化的影响因素。总体来看，城镇务工收入对于样本人群外出务工的影响非常强烈，选择"很强影响"与"较强影响"的人群比重分别是70.8%与17.2%，合计高达88%（见表7-23）。即便是分特征考察，持"很强影响"观点的人群在所有类型群体中也都占据绝对多数，且大体呈现以40岁为分界点随年龄增加而上升、已婚群体比重大于未婚群体、随受教育水平上升而大致下降的特点。多数农村转移人口"离家舍业"来到人生地不熟的城镇，"进矿"、"进厂"或"进店"，依托的是个人的体力与青春，争取的是务工与务农之间那部分或多或少的收入差额，追求的是生活质量的改善，其他任何外出务工的影响因素都必须且只能在增加收入的前提下被考虑与关注。

表 7-23　城镇务工收入对农村转移人口外出务工的影响分析

单位：%

		很强影响	较强影响	一般影响	较弱影响	无影响
	总体	70.8	17.2	9.4	1.5	1.1
年龄	30岁以下	70.5	16.9	9.8	2.2	0.6
	30~39岁	66	19	13	1	1
	40~49岁	72.3	17.3	8.4	1	1
	50岁及以上	74.2	15.2	6.1	1.5	3
性别	男	70.9	16.7	9.5	1.7	1.2
	女	70.6	18.8	9	0.8	0.8
婚姻状况	已婚	71.7	17.1	8.9	0.9	1.4
	未婚	65.3	19	13.2	2.5	0
	离异或丧偶	86.6	6.7	0	6.7	0
文化程度	小学及以下	80.3	9.7	8.6	0.7	0.7
	初中	71.2	16.3	9.7	1.4	1.4
	高中或中专	56	29.3	10.7	2.7	1.3
	大专及以上	58.8	32.4	5.9	2.9	0
家庭生活水平	中等以下	66.9	16.9	15.5	0.7	0
	中等	72.8	17.6	6.8	1.4	1.4
	中等以上	71.9	15.6	8.3	2.5	1.7

（二）社会保险对农村转移人口外出务工的影响分析

社会保险是外出务工人员应享受的基本社会保障。总体看，社会保险对于样本人群外出务工的影响程度一般，选择"很强影响"与"较强影响"的人群比重分别是19.3%与22.9%，合计不到半数，甚至有10.6%的人群认为"无影响"，持"很强影响"观点的人群比重大体呈现以40岁为分界点随年龄增加而上升、男性群体大于女性群体、未婚群体大于已婚群体、随家庭生活水平上升而下降的特点（见表7-24）。受限于自身素质，加上城镇务工制度中社会保险机制长期缺失，农村转移人口往往忽视享受社会保险的权利，继而不将其列入外出务工的主要影响因素。根据实地访谈，部分受访对象表示在城镇能够保证就业岗位才是根本，至于能够提供社会保险则是"可望而不可即"的福利，这体现出朴素的外出务工观念。

表7-24 社会保险对农村转移人口外出务工的影响分析

单位：%

		很强影响	较强影响	一般影响	较弱影响	无影响
总体		19.3	22.9	33.9	13.3	10.6
年龄	30岁以下	19.2	24	40.6	7.3	8.9
	30~39岁	26.5	16.3	35.8	12.2	9.2
	40~49岁	15.5	24.5	30.5	17	12.5
	50岁及以上	20	24.7	21.5	21.5	12.3
性别	男	19.6	23.1	33.5	13.7	10.1
	女	18.2	22	35.6	12.1	12.1
婚姻状况	已婚	18.2	24.1	32.3	14.1	11.3
	未婚	23.1	23.1	37.3	9.9	6.6
	离异或丧偶	0	21.4	35.8	21.4	21.4
文化程度	小学及以下	21.7	21.7	25.7	19.7	11.2
	初中	17.3	23.7	34.6	13.4	11
	高中或中专	19.1	21.4	41.7	7.1	10.7
	大专及以上	23.5	26.5	41.2	2.9	5.9
家庭生活水平	中等以下	20.9	20.1	29.1	18.7	11.2
	中等	19.2	21.9	37.4	11.9	9.6
	中等以上	16	29.4	31.1	10.9	12.6

（三）城镇教育资源对农村转移人口外出务工的影响分析

总体来看，城镇教育资源对于样本人群外出务工的影响程度一般，选择"很强影响"与"较强影响"的人群比重分别是 18.8% 与 21.6%，合计不及半数，甚至有 17.9% 的人群认为"无影响"，持"很强影响"观点的人群比重大体呈现以 40 岁为分界点随年龄增加而下降、女性群体基本大于男性群体、随文化程度增加而上升的特点（见表 7 - 25）。上亿农民工的子女教育问题长期是社会舆论讨论的焦点，也是农村转移人口所关心的议题。然而，由于外出务工的艰辛与家庭成员难以团聚的事实，相当比例的农村转移人口无奈地承受难以在务工的同时更好地兼顾子女教育问题的困境。事实上，农村转移人口在心理上具有传统的家庭分工理念，即将打工赚钱与子女抚养相分离，更常见做法是由留守老人在家照顾子女，在子女教育上寄希望于家乡传统教育资源，自身则专注于增加家庭收入。此外，近年来举家外出务工人员子女在城镇接受教育的状况已有很大改善。据此，农村转移人口在心理上并未将接受更优质教育资源视为外出务工的重要目标。

表 7 - 25　城镇教育资源对农村转移人口外出务工的影响分析

单位：%

		很强影响	较强影响	一般影响	较弱影响	无影响
	总体	18.8	21.6	24.7	17	17.9
年龄	30 岁以下	20.8	24.7	25.8	12.9	15.8
	30～39 岁	31.6	23.2	25.3	11.6	8.3
	40～49 岁	14.3	16.3	26.5	20.7	22.2
	50 岁及以上	9.1	27.3	15.2	24.2	24.2
性别	男	17.9	22.4	22.4	18.3	19
	女	21.8	18.8	32.8	12.5	14.1
婚姻状况	已婚	18	22.2	25.1	17.5	17.2
	未婚	22.2	21.4	22.2	17.9	16.3
	离异或丧偶	13.3	6.7	33.3	13.3	33.3
文化程度	小学及以下	13.2	24.3	19.8	16.4	26.3
	初中	19.7	19.4	25.1	19	16.8
	高中或中专	21.3	20	29.3	16.1	13.3
	大专及以上	32.4	29.4	32.4	2.9	2.9
家庭生活水平	中等以下	15.5	23	23	17	21.5
	中等	19.8	19.8	25.6	16.7	18.1
	中等以上	18.5	25.2	25.2	17.6	13.5

（四）城镇生活成本对农村转移人口外出务工的影响分析

总体来看，城镇生活成本对于样本人群外出务工的影响程度较大，选择"很强影响"与"较强影响"的人群比重分别是 27.6% 与 38.2%，合计超过 60%。即便是分特征考察，持以上两种观点的人群在所有类型群体中也都占据大多数，且大体呈现以 40 岁为分界点随年龄增加而增加、女性群体大于男性群体、已婚群体大于未婚群体、随文化程度上升而下降的特点（见表 7-26）。农村转移人口外出务工的核心目标是增加收入，但城镇"住不起、生不起、读不起、娶不起、死不起"的高成本生活方式也对其造成极大困扰，他们认为这是定居城镇乃至市民化过程中难以逾越的障碍。正如周蕾等所言，通过对农民工在不同层级城镇生活消费能力、住房消费能力的进一步比较，过高的城镇化成本所导致的低城镇化能力是城镇化预期较低的根本原因，也是未来农民工城镇化的最大阻力[①]。根据实地访谈，部分受访对象表示在"开源"不足的条件下，"节流"成为增加外出务工纯收入的最主要方式，体现在住房、娱乐、饮食等方面的极度克制，但长此以往，也造成农民工生活单一而枯燥，心理上倍感压抑，继而削弱其外出务工的热情以及对于务工地的归属感，这在女性群体与已婚群体身上体现尤为明显。近年来，部分农民工选择回归家乡从事非农产业，也是对外出务工"成本-收益"重新考量后做出的理性决定。

表 7-26 城镇生活成本对农村转移人口外出务工的影响分析

单位：%

		很强影响	较强影响	一般影响	较弱影响	无影响
总体		27.6	38.2	24.6	6.8	2.8
年龄	30 岁以下	30.4	35.9	23.2	7.7	2.8
	30~39 岁	29.9	42.3	22.7	4.1	1
	40~49 岁	23.3	36.6	30.2	6.9	3
	50 岁及以上	29.7	43.8	14.1	7.8	4.6
性别	男	26.6	39.3	24.7	6.5	2.9
	女	31.3	34.4	24.2	7.8	2.3

---

① 周蕾、谢勇、李放：《农民工城镇化的分层路径：基于意愿与能力匹配的研究》，《中国农村经济》2012 年第 9 期。

续表

		很强影响	较强影响	一般影响	较弱影响	无影响
婚姻状况	已婚	27.7	38.6	24.6	6.3	2.8
	未婚	25.6	36.4	27.3	8.2	2.5
	离异或丧偶	33.3	46.7	13.3	6.7	0
文化程度	小学及以下	30.3	39.4	21.3	7.7	1.3
	初中	28.7	37.6	25.8	5	2.9
	高中或中专	21.6	40.5	23	9.5	5.4
	大专及以上	17.7	32.3	35.3	11.8	2.9
家庭生活水平	中等以下	26.6	38.1	22.3	10.1	2.9
	中等	25.9	39.5	27.6	4.2	2.8
	中等以上	32.8	34.5	21	9.2	2.5

（五）城镇户口对农村转移人口外出务工的影响分析

总体来看，城镇户口对于样本人群外出务工的影响程度较小，选择"很强影响"与"较强影响"的人群比重分别是10.9%与12.1%，合计仅23%，甚至有高达27.3%的人群认为"无影响"。即便是分特征考察，持"很强影响"观点的人群在所有类型群体中也都处于弱势地位，且大体呈现以40岁为分界点随年龄增加而下降、女性群体大于男性群体、随受教育水平向两极分化提高的特点（见表7-27）。如前所述，多数外出务工人员，尤其是中老年农民工更多的是将获取城镇户口视为外出务工的附属产物，强调在"边打工边积累"的过程中视情况而决策，并未将两者挂钩。

表7-27　城镇户口对农村转移人口外出务工的影响分析

单位：%

		很强影响	较强影响	一般影响	较弱影响	无影响
	总体	10.9	12.1	28.4	21.3	27.3
年龄	30岁以下	10.9	13	34.2	22.3	19.6
	30~39岁	12.1	16.2	31.3	21.2	19.2
	40~49岁	11.1	8.5	23.1	19.1	38.2
	50岁及以上	9	13.4	23.9	25.4	28.3
性别	男	10.8	11.8	28.2	20.1	29.1
	女	11.7	12.5	28.9	25	21.9

续表

		很强影响	较强影响	一般影响	较弱影响	无影响
婚姻状况	已婚	11	12.9	27.1	22.2	26.8
	未婚	11.5	9.8	34.4	23.8	20.5
	离异或丧偶	7.1	7.1	28.6	21.5	35.7
文化程度	小学及以下	13.7	8.5	20.9	20.3	36.6
	初中	9.2	12.7	31.7	21.1	25.3
	高中或中专	9.2	14.5	31.5	21.1	23.7
	大专及以上	17.6	17.6	32.4	26.5	5.9
家庭生活水平	中等以下	11.8	9.5	24.3	20.6	33.8
	中等	10.9	12.3	32.1	22.5	22.2
	中等以上	10.8	14.2	23.3	20	31.7

（六）留守亲人对农村转移人口外出务工的影响分析

总体来看，留守亲人对于样本人群外出务工的影响程度较大，选择"很强影响"与"较强影响"的人群比重分别是34.6%与33.2%，合计超过60%。即便是分特征考察，持"很强影响"观点的人群在所有类型群体中也都属多数，且大体呈现男性群体大于女性群体、已婚群体大于未婚群体、随文化程度增加而下降的特点（见表7-28）。家庭成员城乡分离是中国农村人口转移的特殊现象，且在短时期内难以消除。农村留守亲人对于在外务工的农村转移人口而言是难以忽视的心理牵挂，其生存状况、生活理念、对进城的态度、健康情况等深刻影响着农村转移人口外出务工的时间、空间、回乡频率、收入流向、工种选择、携眷等诸多决策，这在男性群体与已婚群体中体现得尤为明显。

表7-28　留守亲人对农村转移人口外出务工的影响分析

单位：%

		很强影响	较强影响	一般影响	较弱影响	无影响
	总体	34.6	33.2	20	5.3	6.9
年龄	30岁以下	28.9	29.5	25	8.3	8.3
	30~39岁	36.3	37.3	15.6	3.9	6.9
	40~49岁	40.1	33.7	16.2	5	5
	50岁及以上	30.8	35.4	24.6	0	9.2

续表

		很强影响	较强影响	一般影响	较弱影响	无影响
性别	男	35.8	32.2	19.6	5.5	6.9
	女	31.3	35.9	21.3	4.6	6.9
婚姻状况	已婚	37.6	33.9	18.2	4	6.3
	未婚	25	32.5	23.3	9.2	10
	离异或丧偶	28.6	28.6	28.6	7.1	7.1
文化程度	小学及以下	39.2	34	15.7	5.2	5.9
	初中	34.3	32.5	20.8	5.7	6.7
	高中或中专	29.9	33.8	19.5	6.5	10.3
	大专及以上	26.5	35.3	32.4	0	5.8
家庭生活水平	中等以下	37.2	29.2	19.8	8	5.8
	中等	30.8	35.6	21.3	5.1	7.2
	中等以上	41.7	30.8	17.5	2.5	7.5

（七）政府组织务工对农村转移人口外出务工的影响分析

总体来看，政府组织务工对于样本人群外出务工的影响极其微弱，选择"很强影响"与"较强影响"的人群比重分别是 4.9% 与 7.6%，合计仅为 12.5%，甚至有高达 39.2% 的人群认为"无影响"。即便是分特征考察，持"很强影响"观点的人群在所有类型群体中也都处于绝对弱势地位（见表 7-29）。如前所述，农村转移人口外出务工主要借助于民间渠道，更多是一种自发的职业选择行为，无论是对于外出务工还是对于市民化，政府组织务工的影响力均极其有限。

表 7-29　政府组织务工对农村转移人口外出务工的影响分析

单位：%

		很强影响	较强影响	一般影响	较弱影响	无影响
	总体	4.9	7.6	25.3	23.1	39.2
年龄	30 岁以下	5.9	6.6	27.9	21.9	37.7
	30～39 岁	4	7.1	26.3	24.2	38.4
	40～49 岁	4.4	7.3	23.8	21.8	42.7
	50 岁及以上	4.6	12.1	21.2	28.8	33.3
性别	男	3.5	8.7	25.5	22.8	39.5
	女	9.2	3.8	24.2	24.2	38.6

		很强影响	较强影响	一般影响	较弱影响	无影响
婚姻状况	已婚	4.4	7.9	24.5	24.1	39.1
	未婚	6.6	9.1	24.8	20.7	38.8
	离异或丧偶	0	7.1	42.9	21.4	28.6
文化程度	小学及以下	2.6	5.8	27.3	29.2	35.1
	初中	7.2	9	23.8	19.7	40.3
	高中或中专	1.4	5.3	23	28.4	41.9
	大专及以上	2.9	8.8	32.4	14.7	41.2
家庭生活水平	中等以下	3.6	7.9	26.4	26.4	35.7
	中等	5.8	7.2	26.7	20.9	39.4
	中等以上	3.3	8.2	22.1	23.8	42.6

（八）务工地距离对农村转移人口外出务工的影响分析

总体来看，务工地距离对于样本人群外出务工的影响程度较小，选择"很强影响"与"较强影响"的人群比重分别是11.5%与16.7%，合计仅为28.2%，甚至高达21.9%的人群认为"无影响"（见表7-30）。即便是分特征考察，持"很强影响"观点的人群在所有类型群体中也都处于弱势地位。即便是考虑到牵挂留守亲人等因素，但受经济利益驱使，仍有相当比例的农村转移人口外出务工时并不考虑务工地与家乡之间的地理距离，农民工流向呈现多元化格局。尤其需要指出的是，在经济社会发展水平不断提高的情况下，在东部地区产业转移、国家不断出台扶持中西部地区政策、各地城镇化进程加快等背景下，不同区域务工收入差异有缩小化趋势，就业机会的可获取性逐渐成为农村转移人口选择务工地的首要参考标准，特别是考虑到经济发达地区正处于产业调整阶段，劳动力供需的结构变化推动相当部分农村转移人口将就业目光投向非传统务工区域。

表7-30　　务工地距离对农村转移人口外出务工的影响分析

单位：%

		很强影响	较强影响	一般影响	较弱影响	无影响
	总体	11.5	16.7	28.5	21.5	21.9
年龄	30岁以下	13.1	13.7	30.1	22.3	20.8
	30~39岁	7.2	17.5	33	22.7	19.6
	40~49岁	14.1	17.8	24.9	19.3	23.9
	50岁及以上	4.6	20	29.3	24.6	21.5

续表

		很强影响	较强影响	一般影响	较弱影响	无影响
性别	男	10	17.9	29.5	21.5	21.1
	女	16.4	13.3	25	21.1	24.2
婚姻状况	已婚	11.3	17.2	28.5	20.7	22.3
	未婚	12.3	14.9	30.6	21.5	20.7
	离异或丧偶	0	26.7	26.7	33.3	13.3
文化程度	小学及以下	9.3	20.5	24.5	25.2	20.5
	初中	13.9	16.9	27	20.9	21.3
	高中或中专	9.2	10.5	42.1	17.1	21.1
	大专及以上	5.9	8.8	32.4	20.5	32.4
家庭生活水平	中等以下	9.8	22.1	24.2	22.7	21.2
	中等	13.6	15.9	28.9	22.8	18.8
	中等以上	6.7	13.4	32.8	16	31.1

六　结论与启示

（一）农村财产权利处置与家庭成员团聚的"双解决"是农村转移人口市民化的基本前提

农村转移人口市民化意味着生活状态的根本性变革，有别于以往外出务工，其是从职业到身份的全方位离农。只有衔接好传统生活与未来生活，才能让农村转移人口安心过好市民化后新生活。如前文所述，处置好农村财产权利是重中之重，如此才能为农村转移人口进城生活化解经济纠纷并奠定物质基础。但同时，还需要充分考虑精神情感层面，重视农村转移人口家庭成员团聚问题，从而免除其市民化的后顾之忧。这样农村转移人口市民化的心理障碍才能在实质上消除，市民化才有可能成为普遍现象。在新一轮舆论浪潮下，决策层务必坚决避免"一厢情愿"的做法，要理性看待农村转移人口市民化的行为决策机制。在中国这样一个传统文化根深蒂固的农业大国，家庭一直是最基本的决策单元，在重大决策上更是如此。在市民化问题上，很难想象农村转移人口家庭的个体成员，尤其是已婚成员与中老年成员能够不与自身的配偶、子女、长辈沟通、协同而大规模地独自进行市民化。事实上，对于绝大多数以外出务工为走出农村起点的农村转移人口而言，在务工地的社会联系度极其不足，对城市的归属

133

感与认同感也相对有限，就业增收仅足够吸引其在城镇"常住化"，但"户籍化"的根本动力则更多来自家庭整体落户定居。根据实地访谈，多数明确表示不愿市民化的受访对象认为，自己时时牵挂留守亲人的生老病死、喜怒哀乐、日常起居、教育抚养问题，但不具备转移家庭成员的能力。家庭成员对城市生活不适应等原因也在客观上导致家庭团聚难以实现，并迫使其放弃市民化念头。

（二）自身技能水平与城镇承载力的"双提高"是提升农村转移人口市民化意愿的重要基础

意愿是决策的重要依据。农村转移人口具有传统农民特有的谨慎、务实、内向等特点，其市民化意愿更多取决于自身对未来在城镇定居质量的预判，核心指标是就业能力以及依附其上的收入水平与住宿情况。多数农村转移人口能够清醒认知自身务工能力，合理定位自身务工角色，有效辨别就业市场环境，并能不间断、敏感、有效地衡量自身在务工地就业生存的状态，并据此来判断市民化的必要性、可行性与紧迫性。从调查分析结果看，就业能力欠缺导致农村转移人口长期成为就业边缘群体，并不时要面对因就业市场容纳能力有限而产生的就业动荡问题，继而影响其市民化的决心与信心。若要增强农村转移人口市民化意愿，必须且只能从农村转移人口能力与客观环境两方面入手来进行优化。对于前者，关键在于提高技能水平。农村转移人口只有通过职业教育、岗前培训，甚至是"干中学"来积累经验与技巧，才能适应就业市场的新需求、新情况、新特点，更好实现就业稳定。对于后者，关键在于提高城镇承载力。城镇容纳农村转移人口的能力，尤其是就业岗位的提供规模在很大程度上决定了劳动力市场竞争强度，并进一步决定了农村转移人口就业机会的大小。

（三）制度的宣传到位与落到实处是农村转移人口市民化的重要推动力

多数农村转移人口在外出务工问题上仅怀有"以辛勤劳作换取收入增加"的朴素观念，先入为主地将自身定位为城市生活的非主流群体，享受与维护权利的意识极为淡薄，继而对于市民化所带来的生存环境改善缺乏足够了解。从调查分析结果看，农村转移人口对于以工伤保险、养老保险、失业保险、医疗保险、生育保险为主体的社会保险功能的认知极为有限，对于义务教育、医疗卫生、就业服务、住房保障、社会治安、居住环境、住房设施等公共服务的政策解读能力也极其低下，这在不利于体现市民化制度优越性的同时也难以提升农村转移人口市民化积极性。据此，一方面要加强政策宣传，让广大农村转移人口感受到市民化的真正内涵，获知自身作为一名劳动者与市民所应享有的各种社会保障与公共服务权利，以及所应享受的各种社会福利与救助，提升争取更高品质生活的思想觉悟。另一方面，政策要落到实处，按照城乡和区域统筹的原则，建立起覆盖城市外来人口的普惠公共服务制度，以实际行动来切实体现国家推动农村转移人口市民化的决心，并打消广大持观望态度的农村转移人口的市民化疑虑。

（四）收入支持是保障农村转移人口城镇生活质量的根本途径

从调查分析结果看，务工收入问题是农村转移人口最为关心的现实问题，也是摆在其市民化道路上的主要障碍。数以亿计的农村转移人口在城镇谋生、定居乃至落户，面临天灾、人祸、疾病、失业等风险，面临的核心问题便是在经济基础薄弱、务工收入有限、日常消费偏高的生存环境下获得对可接受的生活质量的保障，这既困难重重又亟须外界关注，而立足于化解收入分配不合理、劳动权益缺失等弊端的收入支持是对农村转移人口最大的保障。从理论上讲，长期看要彻底改变不合理的"城市二元社会"，短期内则要调整业已成型的城市"二元用工制度"，关键在于建立农村转移人口工资合理增长长效机制，包括加强对农民工劳动力权益的依法保护，完善工会组织以推动劳资集体协商，引导企业建立互利共赢、和谐稳定的新型劳资关系等[①]。就政策层面而言，能否通过财税、金融等手段来加强对用工企业与输入地政府的经济帮扶，继而提高农民工待遇将是一个值得深入探讨的问题。

（五）助推重点人群是农村转移人口市民化进程的关键节点

中国正经历一场人类历史上最大规模的人群在最短的时间内涌入最没有准备的城市的强烈冲击，由此带来经济社会各领域全方位变革。在此进程中，中国走的是世界各国从未走过的四大转型同时推进的道路，即计划经济向市场经济转型、农业社会向工业社会转型、封闭社会向开放社会转型、人治社会向法制社会转型，在这种风险极高、难度极大、矛盾极多、

[①]　国务院发展研究中心课题组：《农民工市民化：制度创新与顶层政策设计》，中国发展出版社，2011，第 180～181 页。

任务极重的转型中，要解决多年积累的"二元体制"带来的问题，需要渐进的过程、较长的时间和充分的准备，无法一蹴而就①。据此，农村转移人口市民化必然是一个有先有后的过程。根据不同时期的经济社会发展水平、城镇化进度与农村转移人口素质和能力，农村转移人口市民化在不同阶段应突出重点对象，提高效率。从调查分析结果看，应给予以下几类人群更多关注。一是新生代农民工。较之第一代农民工，第二代农民工无论在市民化的意愿还是在能力上都更为突出，价值观念更接近于城镇居民，若在就业扶持与住房保障上加大力度，该群体预计能较为顺利地实现向市民化的过渡。二是受教育水平较高农民工。较之传统体力型农民工，该群体无论在就业视野上还是务工层次上都更胜一等，能够更好地适应劳动力市场需求的动态变化，有必要积极推动其在城镇通过努力实现个人创业，夯实经济基础。三是举家外出型农民工。较之个体外出型农民工，该群体的家庭牵挂较少，能够专注于职业发展，对务工地的归属感也较强。如果子女在城镇接受教育、老人得以妥善安置，以及夫妻双方就业保持稳定，其融入城镇生活的可能性将大增。就政府而言，应积极运用政策手段，因地制宜地提供结构化帮扶手段，关键在于结合实际需要提供"临门一脚"式助推力量。

第三节 推动农村转移人口市民化的对策建议

一 健全农村转移人口的社会融合机制

农村转移人口市民化不是一个简单的户籍更替、住所调整、职业改变的过程，也不是一种仅具备经济实力便可以彻底实现的行为。农村转移人口往往具有一种"先入为主"的意识，即认为城镇居民自始至终对其认同度都不高且存在一定程度软歧视，同时自身社会关系极其有限，难以应对城镇生活所出现的各种问题，故对于市民化后的职业融合、政治融合、民生融合、文化融合、关系融合、身份融合等心存困惑。市民化意味着未来将主要以城镇为生活区域。社会融合必须统筹考虑、系统开展，否则势必

---

① 刘奇：《中国农民的迷茫与困顿》，《中国发展观察》2011 年第 4 期。

给高速推进的城镇化建设带来潜在的管理隐患。事实上，当前中国流动人口的总体社会融入水平一般，"乡—城"流动人口的融入水平低于"城—城"流动人口的融入水平①。据此，一是要加强舆论导向。除中央政府继续大力倡导农村转移人口市民化外，务工输入地政府更是要以统筹城乡发展为执政理念，以外来人口与城镇原住民的"和谐共生"为绩效考核的重要指标，合理利用手中的行政资源来营造农村转移人口参与公共活动、建设和管理的良好氛围，如加强科普宣传教育、弘扬社会主义核心价值观、加强官方媒体正面报道、重视社区组织凝聚功能、鼓励民间组织开展各类公益活动、增加外出务工人员政治参与机会、培养原住居民包容性等，引导城镇居民从心理与行为上接受市民化后的农村转移人口。二是要增强自身信念。多数农村转移人口在城镇生活中以亲友、老乡、战友、务工同事为社会交往的联系纽带，社会关系圈狭窄，不利于其城镇生活质量提高。市民化后的农村转移人口应自发形成平等意识，主动、适时地在职业机会、政治参与、生活保障、心理意识、思维方式、价值观念、行为习惯、文化活动、子女教育、语言能力、社会交往等方面转变思想观念，加强人际交往，扩大生活范围，扩展信息获取渠道，积极参加党组织、工会和社团组织，有序参政议政和参加社会管理，以积极行动来践行城镇"主人翁"精神，并稳步提高自身社会地位，改善经济、文化状况。三是要优化制度环境。依托国家近年来不断在财税、信贷、工商、技术、政府采购等领域加大对小微企业，尤其是互联网金融与电子商务企业扶持力度的契机，鼓励农村转移人口在城市尝试自主或联合创业，同时推动劳动力市场改革，全方位提高农村转移人口的经济能力；以新型城镇化建设为纽带，创新城市社会管理体制，营造农村转移人口融入社会的良性氛围；改善农村转移人口的综合素质和心理健康状况，赋予农村转移人口更多的人文关怀，从心理上帮助其增强融入当地社会的能力。

二　创新农村转移人口市民化的成本分担机制

农村转移人口市民化，既与城镇提供非农就业岗位能力密不可分，也与提供公共服务和社会保障的财力息息相关。中国社会科学院于 2013 年 7

---

① 杨菊华：《中国流动人口的社会融入研究》，《中国社会科学》2015 年第 2 期。

月发布的《城市蓝皮书》显示，中国东、中、西部地区农村转移人口目前完成市民化的人均公摊成本依次为 17.6 万元、10.4 万元和 10.6 万元，全国平均下来为每人 13.1 万元。而中国长期存在并固化的城乡二元结构也决定了未来农村转移人口离农发展和新型城镇化的快速推进，《城市蓝皮书》预计到 2030 年之前，政府需要解决约 3.9 亿名农村转移人口离农市民化问题，即便按照上述的现行市民化成本，政府需要支出的公共成本也将达到 51.1 万亿元。在如此庞大的资金需求下，有必要建立健全由政府、企业、个人共同参与的农村转移人口市民化成本分担机制，并根据成本分类，明确成本承担主体和支出责任。

具体而言，一是政府应承担农村转移人口市民化在义务教育、劳动就业、基本养老、基本医疗卫生、保障性住房、基础设施以及各种民政补助救助等方面的公共成本。政府财政状况和财政政策是影响农村转移人口离农的根本前提，各级政府财权与事权的廓清是农村转移人口离农的必要条件。以城镇基础设施建设为例，目前的规划初步测算，到 2020 年，对城镇交通运输、给排水、环境保护和防灾安全等工程型基础设施的投资总额最低约为 16 万亿元；如果从 2010 年开始每年按照 GDP 总量 4% 的比例投资于城镇基础设施，则到 2020 年，累计投资规模将超过 24 万亿元[①]，这笔巨额财政支出将极大考验各级政府的智慧。一方面，要按照"区域统筹、增量挂钩、专项扶持"的原则，突出中央财政转移支付资金的支撑作用。可创新中央对地方的转移支付制度，实施中央对流入地流动人口的基本公共服务奖补机制，试点将新型城镇化质量、农村转移人口市民化进度、城乡统筹发展速度等指标与一般性转移支付相挂钩，建立中央政府与地方政府共同参与的农村转移人口市民化基金，根据不同地区经济社会发展水平来分别确定出资比例，并考虑征收统筹城乡发展税。同时，在新型城镇化建设进程中，专项转移支付要侧重于建立健全农村转移人口的公共服务体系。另一方面，按照"责有所属、职有所司"的原则，体现地方财政资金的基础性作用。地方财政既要注重与中央财政资金相配套，配合社会保障等重点支出的相应投入，又要承担属地的水、路、电、气、网以及住房、科教文卫等基础设施建设的投入成本。二是企业应落实农民工与城镇职工

[①] 数据来源：中国发展基金会（2010 年）。

同工同酬制度，加大职工技能培训投入，依法为农民工缴纳职工养老、医疗、工伤、失业、生育等社会保险费用。从理论上讲，财政资金是公共资源，农村转移人口市民化成本分担的难点则在于如何发动包括企业在内的社会资源。一方面，要让企业感受到新型城镇化、农村转移人口市民化与企业长期发展的"利益共同体"关系，继而促使其自觉保障农村转移人口务工就业的合法权益。另一方面，在经济新常态下，要正视企业分担市民化成本的压力，国家要利用各种方式来推动经济发展，在提升企业经营效益的同时提高其分担市民化成本的能力。三是农村转移人口应积极参加城镇社会保险、职业教育和技能培训等，并按照规定承担相关费用。农村转移人口是市民化利益主体，理应承担社会保障个体部分、市民化后的基本生活费用、个人住房自理支出等成本，并且理解综合国力相对有限与财政绝对实力不足的现实情况，更加积极主动地提升融入城市社会的能力。

三　完善农村转移人口市民化的综合配套机制

农村转移人口在城乡间流动就业将是很长一段时间内难以彻底消除的社会现象，应按照保障基本、循序渐进的基本原则，积极推进城镇基本公共服务由主要对本地户籍人口提供向对常住人口提供转变，逐步解决在城镇就业居住但未落户的农村转移人口无法享有城镇基本公共服务的问题，加强农村转移人口市民化的综合配套机制建设，提高城镇对农村转移人口的吸引力。其中，重点应做好三项公共服务。一是保障农村转移人口随迁子女平等享有受教育权利。可尝试将农村转移人口随迁子女义务教育纳入各级政府教育发展规划和财政保障范畴，科学分配教育资源，合理规划学校布局，科学核定教师编制，足额拨付教育经费，保障农村转移人口随迁子女以公办学校为主接受义务教育。对未能在公办学校就学的，可采取政府购买服务、利用社会力量等方式，保障农村转移人口随迁子女在普惠性民办学校接受义务教育的权利。二是完善公共就业创业服务。应将转移就业农民与进城农民工纳入国民培训教育体系，通过整合职业教育和培训资源，明确企业开展农村转移人口岗位技能培训责任，鼓励高等学校、各类职业院校和培训机构积极开展职业教育和技能培训等方式，增加农村转移人口的人力资本，扩大其就业范围。在看待就业市场供需关系问题上，既要通过不断提高农村转移人口技能水平来增强劳动力供给，也要通过动态调整适合现有农村转移人口技能水平的就业岗位来扩大劳动力需求，在"此涨彼也涨"的过程中尽可能消除农村转移人口的就业缺口。同时，经济发展指导思想要由增长优先向就业优先转变。三是拓宽住房保障。依托于相互配套的政策支持体系，构建多层次、广覆盖、立体化的农村转移人口住房供应体系。具体而言，在经济基础较好、农村转移人口长期输入的地区应通过享受住房公积金与住房补贴、申请公共租赁房与廉租房、购买经济适用房与限价房等方式，给予农村转移人口享受城镇居民同等住房政策待遇的权利；将农村转移人口住房保障纳入城镇住房总体建设规划；鼓励与支持企业提供标准化、人性化的集体职工宿舍；引导房地产市场提供小户型、重实用、总价低的普通商品房，培育二手房交易市场，规范住房租赁市场；在不同层次城镇之间合理规划农村转移人口定居格局等。

第八章　中国农村转移人口的
有序转移机制

党和政府长期高度重视农村转移人口问题，但当前关注重点逐渐由转移规模转向转移质量，即农村人口有序转移转变。庞大的人口基数、高强度的流动与辽阔的国土面积决定了若不能实现有序转移，将不可避免地产生治安、交通、食宿、城市规划等诸多社会管理难题，从长远看也不利于资源优化配置，对国家产业结构布局与城镇化建设大局产生不良影响，继而影响经济社会持续健康发展。改革开放后，农村劳动力在城镇的盲目流动曾一度引起广泛争议，并导致长期以来各级政府对待农村人口转移问题都采取层层深入、步步推进的政策。据此，在关注农村推进与城镇拉动的同时，还要认真对待转移的方式、流向、就业等问题，保障农村转移人口离农形式上的规范性与可接受性。

第一节　农村转移人口外出务工的时空路径分析

关于农村人口有序转移的理论依据，学界当前观点集中于：一是人力资源配置优化论，即从全国范围内保证劳动力市场供需大体均衡，通过流动来提高劳动力资源配置效率，发挥人力资源组合效应[①]；二是区域人口分布合理论，即依照新型城镇化的空间布局，逐步形成生产力空间布局与人口空间布局相适应、新型城镇化战略格局与人口战略布局相协调的发展

[①]　简新华、张建伟：《从农民到农民工再到市民——中国农村剩余劳动力转移的过程和特点分析》，《中国地质大学学报》（社会科学版）2007 年第 6 期。

格局①；三是弱势群体权利保障论，即降低农村转移人口就业风险与生存压力，维护社会公平②；四是经济社会发展协调论，即将城镇、区域发展规划与人口流动相结合，保证经济社会良性发展③。概括而言，已有研究多立足于宏观视角的经济社会环境分析，鲜见基于微观视角的专门针对个体时空行为的研究，从而缺乏对行为主体的主观认知与移动规律的剖析。农村人口转移是一种主观行为，有其内在的逻辑性，只有加强对农村转移人口内在心理与外在行为的解读，挖掘有规律性的特征，才能进一步寻求农村人口有序转移的可行路径。

时间地理学由瑞典地理学家 Hagerstrand 在 20 世纪 60 年代创立且发展，由柴彦威等学者引进国内并传播④。时间地理学是研究各种制约条件下人的行为的时空间特征的地理学⑤，侧重于研究物质环境中限制人的行为的制约条件，并说明人的空间行为⑥，而人口迁移正是目前其主要应用领域之一⑦。时间地理学是分析个体活动参与和活动机会限制的有效框架，时空路径是其基本概念工具，记录个体在时空中移动的轨迹⑧。近年来，已有国内学者尝试运用时空路径对城市人口流动⑨与农村人口迁移⑩展开研究，但实证分析与总体成果仍极为有限。借鉴时间地理学理论，结合已有研究，本书将农村转移人口外出务工的时空路径定义为农村转移人口在外出就业过程中形成的活动轨迹，并借助实地调查数据进

---

① 河南省社会科学院城市发展研究所课题组：《新型城镇化进程中实现农村人口有序转移研究》，《区域经济评论》2013 年第 1 期。

② 谌新民：《农村剩余劳动力外出就业风险：预警与公共政策选择》，人民出版社，2012，第 41 页。

③ 刘妮娜、刘诚：《人口有序流动与有质量的城镇化》，《经济体制改革》2013 年第 6 期。

④ 柴彦威：《时间地理学的起源、主要概念及其应用》，《地理科学》1998 年第 2 期。

⑤ 柴彦威、王恩宙：《时间地理学的基本概念与表示方法》，《经济地理》1997 年第 3 期。

⑥ 柴彦威：《时间地理学的起源、主要概念及其应用》，《地理科学》1998 年第 2 期。

⑦ Pred A., "Urbanization, Domestic Planning Problems and Swedish Geographical Research," Board C., et al., eds. Progress in Geography (London: Edward Arnold, 1973): 1 - 76.

⑧ 赵莹、柴彦威、陈洁等：《时空行为数据的 GIS 分析方法》，《地理与地理信息科学》2009 年第 5 期。

⑨ 古杰、周素红、闫小培：《生命历程视角下的广州市居民居住迁移的时空路径》，《地理研究》2013 年第 1 期。

⑩ 赵春雨、苏勤、盛楠：《农村劳动力转移就业的时空路径——以安徽省 4 个样本村为例》，《地理研究》2014 年第 8 期。

行相关分析。考虑到农村转移人口的个体特征与空间特征，通过时空角度来梳理农村转移人口外出务工的时空路径，无疑有助于更好地剖析其决策行为与约束条件，继而为探索农村人口有序转移之路提供新思路。

一 农村转移人口外出务工的时空路径类型

总体看，农村转移人口外出务工呈现不同类型的时空特征（见表 8 - 1）。以此为依据，并结合访谈资料，农村转移人口外出务工的时空路径类型分布状况如表 8 - 2 所示。

表 8 - 1 农村劳动力外出务工的时空路径类型

单位：人，%

类型	人数及比例	时空特征
成熟型	87(15.6)	始终在一地务工
趋稳型	307(55.2)	曾经在 2～4 地务工，近年来有稳定在一地务工的倾向
摇摆型	116(20.9)	曾经在 5～9 地务工，仍未有明确的务工地点归属感
动荡型	46(8.3)	曾经在 10 多地务工，流动性极强
断续型	235(42.3)	外出务工历程存在间断期，中途曾经返乡，目前继续外出务工

注：括号内数字为所占比例。表中前四类人总和为 556，为全部被调查人员。最后一种"断续型"与前四类有重合，属于特殊的一类人群。

表 8 - 2 农村劳动力外出务工的时空路径类型分布状况

单位：人，%

类别		成熟型	趋稳型	摇摆型	动荡型	断续型
性别	男	63(14.9)	224(52.8)	98(23.1)	39(9.2)	176(74.9)
	女	24(18.2)	83(62.9)	18(13.6)	7(5.3)	59(25.1)
婚姻状况	已婚	70(16.7)	220(52.4)	94(22.4)	36(8.6)	185(78.7)
	未婚	15(12.4)	78(64.5)	19(15.7)	9(7.4)	40(17)
	其他	2(13.3)	9(60)	3(20)	1(6.7)	10(4.3)
文化程度	小学及以下	24(15.3)	71(45.5)	43(27.6)	18(11.5)	77(32.8)
	初中	47(16.3)	161(55.6)	58(20)	23(8.1)	117(49.8)
	高中或中专	10(13.3)	47(62.7)	13(17.3)	5(6.7)	29(12.3)
	大专及以上	6(16.7)	28(77.4)	2(5.9)	0(0)	12(5.1)
家庭生活水平	中等以下	19(13.7)	74(53.2)	30(21.6)	16(11.5)	60(25.5)
	中等	43(14.5)	173(58.4)	60(20.3)	20(6.8)	130(55.3)
	中等以上	25(20.7)	60(49.6)	26(21.5)	10(8.3)	45(19.2)

第一类称为成熟型，该群体自外出后一直在一地务工。该群体数量相对有限，其所占比例大体呈现女性大于男性、已婚大于未婚、随家庭生活水平的特点。总体来看，该群体性格谨慎、行为保守、积极求稳、家庭责任感较强，受初始外出务工影响的地区惯性特征较为明显。

第二类称为趋稳型，该群体曾经在 2~4 地务工，但近年来趋于稳定。该群体数量最多，代表多数农村外出务工人员的行为与心态，其所占比例大体呈现女性大于男性、未婚大于已婚、随文化程度提高而上升的特点。总体来看，该群体不乏理性，但在外出务工初期缺乏有效指引，具有不同程度的盲目外出经历。然而，曾经的务工体验影响其后续的务工认知，并推动其逐步走向稳定。

第三类称为摇摆型，该群体曾经在 5~9 地务工，仍尚未形成清晰的归属感。该群体数量仅次于趋稳型，其所占比例大体呈现男性大于女性、已婚大于未婚、随文化程度与家庭生活水平提高而下降的特点。总体看，该群体的摇摆特征显著，不确定性较强，主要包括两种情况：一是源于利益诉求的就业地摇摆，他们易受经济回报与务工条件影响；二是源于理念模糊的城乡摇摆，他们行为上随大流、跟大伙，易受年龄、周边舆论与经济环境的影响，处于回乡和留城的矛盾状态。

第四类称为动荡型，该群体曾经在 10 多地务工，外出历程漂泊动荡。该群体数量最低，其所占比例大体呈现男性大于女性、已婚大于未婚、随文化程度提高而下降的特点。总体来看，该群体的行为较为极端，心理存在不可捉摸性，离农意愿极为强烈，理想主义色彩浓厚以致流动频繁。

第五类称为断续型，这是一个单独分析的特殊类型，即该群体在外出务工生涯中曾经返乡，但目前仍继续外出务工。该群体不到样本总量半数，其所占比例大体呈现男性大于女性、已婚大于未婚的特点。总体来看，该群体外出务工断续的成因多元化，或是外出不顺而返乡寻求就业机会，或是留守家庭成员需要照顾，或是家中有突发事件亟待处理，但其外出务工行为分析不受此影响。

上述分析基本囊括当前农村转移人口外出务工的各种时空路径类型，并大致反映农村转移人口的外出务工基本格局，且在一定程度上昭示未来农村人口有序转移的总体趋势。具体而言，一是趋稳型与摇摆型占据主体并左右大局。近70%的农村转移人口具有流动就业经历，遭遇过波折，面临过风险，积累过经验，也收获过成果。总体而言，该群体已有离农决策，但没有退农决心；不乏外出务工信心，但缺乏稳定就业信念；存在职业转变理想，但对身份调整理念存疑。该群体是农村人口有序转移的主要影响群体，需要高度重视，若引导得当，将会是坚实基础；若引导不利，将成为主要障碍。二是成熟型规模虽小但意义重大。在"候鸟式"农村转移人口外出务工浪潮中，难能可贵的是仍有近 1/6 的群体始终稳定在一地务工。这释放出一种积极、强烈、明确的信号，即农村转移人口凭借后天努力，可以具备结合自身状况而扎根不同类型务工地的能力与潜力，可以成为适应当地且条件成熟的市民化对象，从而成为农村人口有序转移的"先锋队"，并有力助推新型城镇化建设。需要指出的是，必须以此为契机，重视该群体的据点功能，既要通过引导其他群体来鼓励其增量扩大，更要侧重完善包括城镇化发展机制、社会融合机制、成本分担机制、综合配套机制等在内的农村转移人口市民化机制来实现其存量稳定，按照"启发一大批，吸纳一大批，巩固一大批"的行动路线，最终渐进实现农村有序转移人口数量不断提高的战略目标。农村人口有序转移是长期性、系统化的复杂工程，不能抱有一蹴而就的想法，应保持循序渐进的状态。概况而言，在致力于促成源于个体理性、体现农村转移人口意愿、追求生存状态安定、强调务工地稳固的先发"一次有序转移"的基础上，积极开展源于集体理性、体现国家意愿、追求资源优化配置、强调务工地匹配的后发"二次有序转移"，即在相关政策指引与疏导下，统筹农村人口有序转移事业，逐步实现居住环境的"人城和谐"与工作环境的"人城融洽"。三是动荡型比重不高但绝不可忽视。客观而言，该群体感性高于理性，无论对家乡还是对务工地的依恋度与忠诚度均不高，漂泊是其常态，不易预测其外出务工规律及未来转移路线，更多地要依靠其务工体验来改变其务工认知，继而改变其务工决策。可以确定的是，该群体势必成为今后农村人口有序转移的难点。

二　农村转移人口外出务工的时空路径特征

（一）农村转移人口外出务工的空间演化特征

通过分析样本问卷结果，可知农村转移人口外出务工地主要涉及本乡/镇、本县（除本乡/镇）、本市（除本县）、本省（除本市与本省省会）、本省省会、省外六种情况，不包括国外（见表8-3）。总体来看，一是省外成为外出务工首选地。曾经有83.8%，目前仍然有65.3%的群体在省外务工。这既与河南省是人口大省且城镇化、工业化水平相对不高的省情有关，也与中国长期偏重外向型经济的发展战略密不可分。从流向看，多数群体在东部沿海发达地区务工，主要集中在广东、浙江、江苏和上海，也有部分分布于北京、福建、新疆等地。二是省内就业集中于本省省会与本市。一方面，由于较强的经济辐射力与就业创造力，曾经有24.1%，目前仍然有10.8%的群体在省会城市务工。另一方面，由于存在一定程度故乡情结，曾经有27%，目前仍然有11.7%的群体在家乡城市务工。简言之，受经济利益驱使的城市导向特征显著

表8-3　农村转移人口外出务工空间的特征分布状况

单位：人,%

分布范围	本乡/镇	本县 （除本乡/镇）	本市 （除本县）	本省（除本市与 本省省会）	本省省会	省外
曾经务工地	65(11.7)	86(15.5)	150(27)	43(7.7)	134(24.1)	466(83.8)
当前务工点	22(4)	29(5.2)	65(11.7)	19(3.4)	58(10.4)	363(65.3)

（二）农村转移人口外出务工的空间进入特征

1. 空间进入的时间特征

总体来看，农村转移人口外出务工的初始年份分布状况基本符合全国经济社会发展总体规律（见表8-4）。其中，20%的群体属于改革开放后第一代农民工，目前已进入外出职业生涯末期，部分人表态将很快停止务工状态。30.4%的群体在20世纪90年代步入外出务工行列，目前是农民工的中坚力量，他们既是成熟型的主要来源群体，也是断续型的主要代表群体。多年外出经历使其习惯于务工，多数表态即便将来回流农村也不再重操务农旧业。49.6%的群体在21世纪开始外出务工，多属于新生代农民工，离农意识普遍强烈，回归农村的概率极为有限。

总体来看，农村转移人口外出务工的初始年龄分布状况基本符合生命周期特征（见表8-5）。其中，高达84.7%的群体在30岁以前便具有外出务工体验，而不足18岁便外出务工的群体所占比例也达到27.9%。这反

映了外出务工已经常态化，成为农村人口的主流观念与就业的主导模式，尤见于传统农区与欠发达地区。

表8-4　农村转移人口外出务工初始年份的特征分布状况

单位：人，%

1990 年以前	1990~1995 年	1996~2000 年	2001~2005 年	2006~2010 年	2011 年至今
111(20)	86(15.5)	83(14.9)	99(17.8)	122(21.9)	55(9.9)

表8-5　农村转移人口外出务工初始年龄的特征分布状况

单位：人，%

18 岁以下	18~29 岁	30~39 岁	40~49 岁	50 岁及以上
155(27.9)	316(56.8)	62(11.2)	19(3.4)	4(0.7)

2. 空间进入的工种特征

通过分析样本问卷，可知农村转移人口外出务工主要涉及生产制造业、建筑采掘业、住宿餐饮业、交通运输业、家庭服务业、批发零售业、社区服务业、零工、个人创业等，按时间维度可将务工工种划分为曾经、最久、当前与延续四种情况，再以务工工种数量为依据可将务工人群划分为一种工种、二种工种、三种工种、四种工种及以上四种情况（见表8-6）。总体来看，一是农村转移人口外出务工工种渐趋稳定。高达93.2%的人群在外出务工生涯经历过不超过三种工种，其中41%的群体始终从事同一工种，分别有34.9%与17.3%的群体从事过两种与三种工种。更为重要的是，接近74.5%的人群的外出务工工种呈现"延续性"，即所从事最久时间工种也是当前务工工种，这在各类群体中分别占100%、60.1%、57.3%与36.8%。农村转移人口外出务工形式的稳定有助于提高工作熟练性与生存适应性，继而增强外出务工行为的长期性及外出务工的空间持续性，并拓展职业发展空间，为农村人口有序转移创造有利条件。二是农村转移人口外出务工工种日益多元化。农村转移人口外出务工领域已从最初的临时性岗位、补充性岗位向各种行业、各类岗位扩张，餐饮、娱乐、流通、新型服务业等第三产业逐渐成为更多农村转移人口外出务工的重要选择。三是生产制造业及建筑采掘业是农村转移人口外出务工的主要工种。曾经有40.6%，目前仍

表8-6 农村转移人口外出务工工种的特征分布状况

单位：人，%

		生产制造业	建筑采掘业	住宿餐饮业	交通运输业	家庭服务业	批发零售业	社区服务业	零工	个人创业	其他
一种工种	曾经	55(24.1)	76(33.3)	16(7)	9(3.9)	4(1.8)	3(1.3)	4(1.8)	21(9.2)	16(7)	24(10.5)
	最大	55(24.1)	76(33.3)	16(7)	9(3.9)	4(1.8)	3(1.3)	4(1.8)	21(9.2)	16(7)	24(10.5)
	当前	55(24.1)	76(33.3)	16(7)	9(3.9)	4(1.8)	3(1.3)	4(1.8)	21(9.2)	16(7)	24(10.5)
	延续	55(24.1)	76(33.3)	16(7)	9(3.9)	4(1.8)	3(1.3)	4(1.8)	21(9.2)	16(7)	24(10.5)
二种工种	曾经	82(42.3)	85(43.8)	49(25.3)	22(11.3)	5(2.6)	19(9.8)	13(6.7)	75(38.7)	19(9.8)	23(11.9)
	最大	49(25.3)	56(28.9)	22(11.3)	15(7.7)	5(2.6)	10(5.2)	5(2.6)	13(6.7)	13(6.7)	6(3.1)
	当前	43(22.2)	45(23.2)	18(9.3)	16(8.2)	4(2.1)	14(7.2)	7(3.6)	19(9.8)	13(6.7)	15(7.7)
	延续	32(16.5)	34(17.5)	7(3.6)	10(5.2)	3(1.5)	9(4.6)	2(1)	9(4.6)	8(4.1)	3(1.5)
三种工种	曾经	62(64.6)	59(61.5)	34(35.4)	17(17.7)	3(3.1)	28(29.2)	12(12.5)	35(36.5)	20(20.8)	18(18.8)
	最大	24(25)	26(27.1)	7(7.3)	9(9.4)	3(3.1)	6(6.3)	1(1)	6(6.3)	7(7.3)	7(7.3)
	当前	24(25)	32(33.3)	5(5.2)	4(4.2)	3(3.1)	6(6.3)	1(1)	2(2.1)	10(10.4)	9(9.4)
	延续	18(18.8)	21(21.9)	3(3.1)	2(2.1)	1(1)	2(2.1)	0(0)	0(0)	5(5.2)	3(3.1)
四种工种及以上	曾经	27(71.1)	29(76.3)	16(42.1)	11(28.9)	5(13.2)	15(39.5)	9(23.7)	26(68.4)	15(39.5)	14(36.8)
	最大	6(15.8)	17(44.7)	4(10.5)	2(5.3)	0(0)	1(2.6)	0(0)	3(7.9)	3(7.9)	2(5.3)
	当前	5(13.2)	9(23.7)	3(7.9)	2(5.3)	0(0)	2(5.3)	2(5.3)	3(7.9)	7(18.4)	5(13.2)
	延续	2(5.3)	7(18.4)	0(0)	1(2.6)	0(0)	1(2.6)	0(0)	0(0)	3(7.9)	0(0)

注：外出务工工种为一种工种、二种工种、三种工种、四种工种及以上，相对应的农村劳动力数量分别为228、194、96、38，相对应的人数比例测算亦以此为分母；"延续"是指最久务工工种是当前务工工种。

然有 22.8% 的人群从事生产制造业；曾经有 44.8%，目前仍然有 29.1% 的人群从事建筑采掘业，此两类行业不仅在各类群体就业工种中占据绝对多数，而且所涉"延续性"人数也占据"延续性"群体总量的 59.2%。这再次印证了体力型职业仍是目前农村转移人口外出务工主流工种的观点，与中国产业结构基本格局和农民工技能培训短缺的事实均有直接关联。需要引起注意的是，除经历三种工种的群体在建筑采掘业上当前就业多于最久就业，其余群体在生产制造业与建筑采掘业上均呈现当前就业不高于最久就业的特征。换言之，有迹象表明部分人群已经或正在撤出此两类行业。从长远看，这有利于农村转移人口增加就业渠道、扩大务工范围与改善务工环境。四是农村转移人口个人创业的规模依然有限。曾经仅有 12.6%，目前也只有 8.3% 的人在务工地个人创业，且只有 7% 的人将此列为最久就业工种。值得欣慰的是，所有群体在个人创业上均呈现当前就业不低于最久就业的特征，尤其是从事过三种工种、四种工种及以上的两类群体更是呈现当前就业高于最久就业的特征。这表明农村转移人口个人创业的觉悟与意识在提升，有助于其更好地增强务工能力、稳定务工生涯与化解务工风险。需要指出的是，多数受访对象表示对于国家近年来鼓励小微企业发展的相关优惠政策了解不多，对于互联网电子商务创业细节更是知之甚少，这体现出对政策时讯掌握的不足。

　　3. 空间进入的途径特征

　　总体来看，农村转移人口外出务工初始途径决策的个体自发性明显大于集体引导性（见表 8 - 7）。其中，36.5% 的群体通过自己求职而获取外出务工机会，高达 52.9% 的群体经亲朋好友介绍而踏上外出务工之路，而仅有 2% 与 4.4% 的群体将政府组织与中介介绍作为初始外出务工媒介。如前所述，农村转移人口外出务工体现出明显的源于民间信息流动的自发转移特征。究其根源，一是亲缘关系更加符合中国传统乡土社会的信任特征，仍是农民在生活圈内最重要与最依赖的信息来源。广大农村剩余劳动力正是在关系密切的联系人的号召与影响下"出村入城"。二是政府组织就业的效果仍不明显。由于就业信息不对称、部分地方政府的"不作为"与培训工作忽略农民心理特征等，广大农村转移人口并不热衷于利用正规就业渠道。三是随着市场经济体制不断完善，农村转移人口入城后在联系人的短期关照下，借助各类就业平台主动求职的比例在提高，体现出其自我思考能力增强。

表 8 - 7　农村转移人口外出务工初始途径的特征分布状况

单位：人，%

政府组织	中介介绍	亲友介绍	自己求职	媒体网络	其他
11(2)	25(4.4)	294(52.9)	203(36.5)	6(1.1)	17(3.1)

（三）农村转移人口外出务工的空间流动特征

1. 空间流动的携眷特征

总体来看，多数农村转移人口外出务工仍属于家庭成员个体行为，而非家庭整体转移流动（见表 8 - 8）。其中，仅 48.8% 的已婚群体携带配偶外出务工，在全部人群中更是只占 36.9%；仅 22.2% 的家有子女群体携带子女共同在务工地生活，在全部人群中更是只占 16.5%；仅 15.4% 的家有老人群体携带老人共同在务工地生活，在全部人群中更是只占 14.4%。是否举家外出务工是衡量农村转移人口离农概率的重要参考指标。大量样本人群将家属留在农村，不仅体现其外出务工的稳定性较差，难以在城镇站稳脚跟，而且反映出其彻底退农进城的信心不足，不敢轻易携眷迁移。更加重要的是，留守的家庭成员将是其未来长久的牵挂。

表 8 - 8　农村转移人口外出务工携眷的特征分布状况

单位：人，%

携带配偶外出务工	有配偶,但并未共同外出务工	尚无配偶
205(36.9)	215(38.7)	136(24.5)
携带子女在务工地共同生活	有子女,但并未携带在务工地共同生活	尚无子女
92(16.5)	323(58.1)	141(25.4)
家中有留守老人	老人在务工地共同生活	已无老人
437(78.6)	80(14.4)	39(7)

2. 空间流动的节律特征

总体来看，多数农村转移人口外出务工的空间流动呈现"次数少，天数长"的特征（见表 8 - 9）。从平均每年返乡次数看，仅分别有 0.4% 与 14.4% 的群体属于平均每年返乡 0 次与平均每年返乡 3 次以上，绝大多数的群体平均每年返乡 1~3 次。从平均每次返乡天数看，仅 5.8% 的群体在 3 天以下，57.2% 的群体在 15 天以上。这反映了农村转移人口在外出务工中极为挂念家乡,逢合适时机便返乡小住。此外,从侧面也表明农村转移人口外出务工的流动性较强。根据笔者实地调研可知,多数农村转移人口外出务工具有"用脚投票"的特点,即往往以一年或半年为期限,以春节等节假日为断点,以经济回报与关系人引导为动因,更换工作甚至工种,虽然并非总是跨地调整,但"不打东家打西家"的思维使其将大量时间精力用于适应新就业岗位与新工作氛围,从短期看难免会影响就业延续性,从长期看势必妨碍职业总体规划与生活长久稳定,难以为未来离农做好准备。

表 8-9　农村转移人口外出务工流动节律的特征分布状况

单位:人,%

平均每年返乡次数	0 次	1 次	2 次	3 次	3 次以上
人数及比例	2(0.4)	178(32)	188(33.8)	108(19.4)	80(14.4)
平均每次返乡天数	3 天以下	3~7 天	8~14 天	15~29 天	29 天以上
人数及比例	32(5.8)	105(18.9)	101(18.2)	194(34.9)	124(22.3)

三　结论与启示

(一) 出于稳定自身外出务工生活的考虑,部分农村人口逐渐形成有序转移意识,但仍有待加强培育以夯实基础

农村人口有序转移应遵循"两步走"战略,并涉及"一次有序转移"与"二次有序转移"。稳定是"一次有序转移"的关键词汇,由此引申的务工空间稳定、务工工种稳定、务工途径稳定、务工家庭稳定是核心标志,其中务工空间稳定是最重要衡量指标。通过分析样本问卷可知,15.6%的成熟型群体在实践中扎根务工地,同时有41%的群体坚持同一务工工种,表明部分农村人口已经自发形成朴素的有序转移观念。在农村人口大规模转移的时代背景下,这既可视为部分群体基于曾经的外出务工体验的理性思考结果,又可理解为人力资本及其他资源的"自动配置"机制在动态的连续转移进程中积极发挥作用。在"以人为本"前提下,应尊重农村转移人口主体地位,重视其主观认知的决定性,关注其转移体验的影响力。因此,亟须有效运用政策工具,积极培育业已成型的有序转移意识,并据此建立支点,通过"示范作用"促进其他群体争相效仿,继而"以点破面",调动大范围农村人口自发有序转移。

（二）农村人口有序转移的初始阶段特征明显，滞后于新时期经济社会发展需求，亟须加快进度

当前农村人口仍停留于"一次有序转移"的初级阶段，重要意义是部分人群在思想层面形成自觉性，主要成就在于朴素的有序转移意识指引部分人群自发实现外出务工规范化，但距离以"匹配"为标志的"二次有序转移"的高级阶段仍有较大差距，即尚未顾及农村转移人口与资源、环境、空间的协调，以及内含其中的工种、家庭、转移渠道的适应。通过分析样本问卷可知，农村转移人口受经济利益驱使的城市导向特征显著，仅6.4%的群体有组织外出务工，家庭稳定性更是难如人意。按照新型城镇化总体规划，不仅以新生代为主的农民工稳定在城镇已经成为必须面对的客观事实，让广大农村转移人口以合适方式留在合适城镇更是不得不正视的紧迫难题。据此，加快农村人口有序转移进度，在继续强化"稳定"的基础上同步开展"匹配"的导向工作已迫在眉睫。

（三）农村转移人口外出务工的导向性不足，严重制约有序转移，加大政策引导刻不容缓

在农村人口有序转移的关键期，政策的客观导向性功能不可忽视。通过分析样本问卷可知，政策在农村人口的转移方式、去向、途径等方面的引导性明显不足，如职业培训、组织务工、信息管理、跟踪保障等。考虑到农村转移人口有限理性、输入地承载力、区域协调发展、产业布局、经济周期等众多因素，农村人口转移不能不考虑"市场失灵"的影响，不能不考虑公平与效率的兼顾，政府在宏观疏导上责无旁贷。据此，有必要通过优化国土开发、加强户籍改革、完善财税引导、规范城镇化布局、创新城市空间结构、强化综合交通运输网络支撑、完善公共就业创业服务体系等诸多举措来为农村人口有序转移创造有利的外部条件。

第二节 农村转移人口离农的去向分析

农村转移人口既要有效识别"外出路在何方"，又要科学定位"落脚地在何处"，如此才能更好地服务于经济社会发展全局并实现个人生活质量提升。农村转移人口离农去向的抉择是一个主客观共同作用的过程。一方面，离农是一种复杂且难以捉摸的主观行为，离农路径的设计务必要考虑农村转移人口的心理活动，正是其感知决定了决策。从某种意义上讲，在区域结构因素制约下，就业地决策就是农村转移人口对就业机会感知乃至做出决策的过程。但另一方面，离农活动也要受一系列客观环境制约，如城乡之间、工农之间收入差距所造成的拉力与推力，以及农村劳动力的个人因素、家庭因素、外部经济因素和非经济因素等。

一　基于可行性角度的农村转移人口空间布局分析

目前，学界关于农村转移人口地域去向的讨论更多的是与城镇化路径的分析融合在一起，并大致形成三种观点。一是"小城镇路径"论，核心论点在于中小城镇的生活成本低、社会排斥少，农民工应先在小城镇实现城镇化，政府应引导产业梯度转移，促进欠发达地区发展劳动密集型产业，实现农村劳动力就近转移①。二是"大城市路径"论，核心论点在于"大城市超前增长"是普遍规律，未来大城市人口占总人口的比重将迅速提高，因而农民工进一步向大城市转移是城镇化主要路径②。三是"协调发展"论，核心论点在于不能一味强调所谓的大城市论或中小城市论③，大中小城镇应协调发展，通过消费成本高低的差别，促使每个人（乃至每个家庭）根据自己的收入水平和消费支付能力，在流动中选择适合自己的城镇④。客观而言，农村转移人口的流向主要受其自身生存能力及不同地域发展水平的动态影响，不存在固定模式。据此，只有以可行性为基本原则，通过对不同类型农村转移人口的去向进行系统辨析，才能更好地对农村转移人口的地域分布格局进行合理判断，并实现"对号入座"式有序转移。

（一）大城市的可行性分析

尽管随着改革开放不断深化与市场经济体制不断健全，我国综合国力

---

① 温铁军：《中国的城镇化道路与相关制度问题》，《开放导报》2000年第5期；沈坤荣、唐文健：《大规模劳动力转移条件下的经济收敛性分析》，《中国社会科学》2006年第5期。

② 王小鲁：《中国城市化路径与城市规模的经济学分析》，《经济研究》2010年第10期。

③ 黄江泉：《农民工分层：市民化实现的必然选择及其机理浅析》，《农业经济问题》2011年第11期。

④ 辜胜阻、李永周：《我国农村城镇化的战略方向》，《中国农村经济》2000年第6期；王国刚：《城镇化：中国经济发展方式转变的重心所在》，《经济研究》2010年第12期。

极大增强，但仍处于发展中国家行列。客观而言，由于阶段性发展特点，目前在中国，以"北上广"为代表的大城市仍处于国民经济社会发展的主导性地位，并掌握着人力、财力、物力、政策等大多数经济社会发展资源。从历史看，大城市也一直是吸纳农村转移人口的主流地区。在很大程度上，正是因为大城市长期成为绝大多数务工人员的主要外出去向，才造成严重的区域发展不平衡且城市体系不健全问题，并引起决策层对农村人口有序转移的高度关注。根据时任国家发改委副主任徐宪平 2014 年在《国家新型城镇化规划》新闻发布会上的发言，中国东部地区京津冀、长三角、珠三角三大城市群，以 2.8% 的国土面积集聚了 18% 的人口，创造了 36% 的国内生产总值，但现在面临的生态环境压力和国际竞争压力在加大。同时，全国 100 万人口以上的城市已经达到 142 个，1978 年时只有 29 个。其中，1000 万人口以上的城市有 6 个，世界上也仅有 25 个，500 万 ~ 1000 万人口的城市有 10 个。然而，大城市毕竟承载能力有限，在外来人口大量涌入情况下，迅速膨胀的城市规模必然给资源环境带来极大压力。正如有专家指出，传统城镇化是"算出来""比出来""耗出来""染出来""折出来""挤出来""绑出来"的城镇化[1]，不具备可持续性与长久生命力。同时，高人口密度、快工作节奏、高务工要求等特点也导致涌入大城市的人越多，大城市的生活成本就越高，对农村转移人口的"推力"就越大。据此，依靠大城市来实现为数众多的农村转移人口市民化不具备现实可行性。

（二）中小城市的可行性分析

中国拥有为数众多的中小城市，且中小城市成为省内流动就业人群的主要落脚点。中小城市一般是当地的经济、社会、文化中心，具有较为完善的基础设施与基本公共服务体系。近年来，在区域协调发展与统筹城乡发展战略的指引下，国家有意识地加大对中小城市的资金、政策扶持力度，有助于夯实其发展基础，如鼓励建设产业园区、提倡发展特色产业、强化社区改造等。然而，中小城市普遍存在规模小、吸引力不足问题，这些问题制约其吸纳农村转移人口能力的提升。事实上，对综合素质相对较高的农村转移人口而言，中小城市在其务工选择中一直处于尴尬位置，认

---

[1]　方创琳等：《中国新型城镇化发展报告》，科学出版社，2014，第 6 页。

同的理由在于轻松的生存氛围、中低的生活成本、相对满意的城市环境等，回避的理由则集中于有限的经济回报与发展机会。正如媒体所报道，很多大学毕业生迫于压力而"逃离北上广"，但又因中小城市没有合适岗位和发展空间，继而"逃回北上广"[①]，这一现象引人深思。客观而言，若不能创造足够就业岗位，继而满足外来人口就业需求，中小城市将难以具备吸引农村转移人口落户本地的基本条件。

（三）县城的可行性分析

县城是一个县的政治、经济、文化中心，既是城镇，同时又保留了非常浓厚的农村习俗。相对而言，县城在吸纳农村转移人口上具有点多面广、生活成本相对较低、文化氛围与农村较为接近、便于与留守亲人联系等特有优势；但也具有分布零散、发展水平和区域分布极不平衡等劣势。近年来，县城作为国家治理基本单元，发展基础与条件大为改善，农村中小企业、现代农业、庄园经济等发展迅速，理应在吸纳为数众多的农村转移人口上发挥更大作用，这既符合国家关于优化城镇化布局与形态的精神，也适应近年农村人口就近转移力度加大的趋势。客观而言，农村转移人口是理性经济人，尤其是低层次群体更加具有"自知之明"，不愿在大城市承受压力，但能够接受在家乡附近城镇安居乐业。更进一步讲，大量农村人口进入县城务工也将为县域经济的繁荣注入新的活力，推动城乡一体化建设。需要指出的是，与中小城市类似，县城所需要优先解决的也是诸多农村转移人口就业问题。

二　优化农村转移人口去向的基本思路

农村转移人口去向问题在本质上是一个劳动力与宜居地点的对应问题，理想的状态是使与某一地区发展相适应的流动人口稳定在流入地。这要求通过有效的顶层设计以促进人口有序流动与合理分布。从形式上看，应如刘妮娜等所持的观点，流动人口的素质越高，向经济发展水平更高地区（向上）流动后在流入地稳定性越强；流动人口的素质越低，流动性越强，且呈无序流动，总体上更易在经济发展水平相对较低的城市稳定下

---

① 周华蕾：《"逃离北上广"续篇：做沙丁鱼，还是做咸鱼》，《南方周末》2011年11月11日。

来①。从结果上看，应实现三个目标：一是立足于就业，农村转移人口与城市下岗、待业居民以及大学生这三大就业主体能够形成良性竞争、岗位互补、供需平衡的就业关系；二是立足于经济利益，能够尽可能实现农村转移人口迁移的收益最大化和成本最小化；三是立足于社会认可，农村转移人口能够实现有效社会融入。从策略上看，应按照分层原则，将不同职业的农村转移人口分类区别对待，通过政府干预与政策支持，引导其融入各类城市。各类城市可以考虑根据综合承载能力和发展潜力，以就业年限、居住年限、城镇社会保险参保年限等为基准条件，因地制宜制定具体的农村转移人口落户标准，引导农村转移人口在城镇落户的预期和选择。

---

① 刘妮娜、刘诚：《人口有序流动与有质量的城镇化》，《经济体制改革》2013年第6期。

第九章　中国农村转移人口离农的运行保障机制

近年来，党和政府高度重视农村转移人口离农问题，并陆续采取一系列改革措施。然而，碍于时代变迁性、行政科层制、财政分权制、离农紧迫性等多重因素，农村转移人口离农政策在执行过程中也不免出现偏差、延误、梗阻、失真等"政策失灵"现象。据此，为珍惜政策资源、保证政策效率、发挥政策效果，有必要加强以主体激励机制、政策协调机制、绩效评价机制、执行监督机制为主要内容的农村转移人口离农运行保障机制的构建，更好地落实国家大政方针。

第一节　农村转移人口离农的主体激励机制

政策由主体来执行，并深受其影响。离农的行为主体固然是农村转移人口，但推动主体是包括中央政府、输入地政府、输出地政府、工商企业在内的各种外界力量。在国家不断出台各项有力举措的背景下，如何调动行为主体的实践积极性并发挥推动主体的主观能动性，继而配合于创新后的制度氛围与调整后的政策环境，将在很大程度上决定农村转移人口离农战略目标实现的进度。据此，在科学设计自愿退农机制与市民化机制来推动农村转移人口形成离农观念的基础上，有必要进一步对推动主体进行有效的思想激励与行为规范。根据主体分类原则，应从以下层面进行必要的激励引导。

一　中央政府层面

中央政府是农村转移人口离农的最主要推动主体。21世纪以来，随着出口导向型发展方式对于经济增长的拉动效应愈发减弱，以及近年来全球性经济危机的爆发，以新型城镇化为载体的扩大内需战略被决策层赋予更多关注，而农村转移人口市民化则是其重要内容。然而，实践表明，由于体制惯性与部门利益，代表中央政府行使权利的各职能部门长期存在"多头管理"与"业务重叠"的弊端，极大影响农村转移人口离农政策的有效执行。以财政部为例，其肩负着资源配置、收入分配、经济稳定与发展等多重职能，负责国家各领域资金支出，即便是被中央政府视为专项的农村转移人口离农问题，也仅是其总体工作的一部分，难以彻底分离。尤其是经济发展进入新常态后，财政收入增速开始放缓，2004～2013年，全国财政收入年均增长20%以上，但2014年与2015年仅分别增长8.6%与8.5%，其中中央财政收入仅分别增长7.1%与7.4%，这给农村转移人口市民化成本筹措带来极大压力。据此，如何在纷繁复杂的行政管理体系内部有效激发各职能部门动力，将是必须正视的现实难题。据此，有必要以拓展深度与广度为原则，继续建立健全关于农村转移人口问题的联席会议工作模式。伴随时代变迁，农村转移人口的焦点呈现外出务工—定居城镇—市民化的演变趋势，不同时期的政策着力点决定了不同部门的参与强度。事实上，国务院早在2006年便批复了《关于国务院农民工工作联席会议组建方案的报告》（劳社部报〔2006〕9号），同意建立由国务院办公厅、国家发改委、教育部、科技部、公安部、监察部、民政部、司法部、财政部、劳动保障部、建设部、农业部、文化部、卫生部、人口计生委、中国人民银行、国资委、国家税务总局、国家工商总局、国家统计局、国家安全监管总局、法制办、国研室、扶贫办、西部开发办和中宣部、中农办、最高人民法院、全国总工会、共青团中央、全国妇联31个部门和单位组成的农民工工作联席会议。2014年7月7日，国务院再次批复同意建立由国家发改委牵头，中央编办、教育部、公安部、民政部、财政部、人力资源社会保障部、国土资源部、环境保护部、住房城乡建设部、交通运输部、农业部、卫生计生委、中国人民银行、国家统计局等15个部门参加的推进新型城镇化工作部际联席会议制度，农村转移人口离农问题正是其中重要的讨论议题。客观而言，联席会议模式作为一种在行政体制内部调动资源的有效制度形式，关键在于明确强有力的总体牵头部门，高配总负责人，并根据具体议题来选择对应的主持部门。就农村转移人口离农问题而言，其关系国计民生与长远发展，建议由副总理及以上级别官员担任总召集人，具体运行机制由国家发改委负责，会议决议后的资金调配由财税部门统一行使职能，教育、医疗、卫生、科技、城建等职能部门在农民工子弟城镇教育、城镇医疗卫生服务体系、农村转移人口职业技能培训、市政基础设施建设等各类专项会议中轮流担任主持部门，所有会议纪要均报送更高级别决策部门。

二　人口输入地政府层面

人口输入地在早期主要是指东部沿海发达地区，如长三角、珠三角、京津唐等改革开放前沿地区，在后期则呈现东、中、西部地区并重的"多点开花"局面。客观而言，人口输入地是"人口红利"的主要受益者，是低成本工业化道路的最大获利者。正如著名经济学家厉以宁教授所言，"没有广大农民工的南下和东进，沿海经济就不可能发展得如此之快"[1]。然而，长期以来，各类人口输入地在农村转移人口离农问题上却一直持有不置可否的暧昧态度，默认农民工就业与城镇经济发展紧密挂钩而福利与城镇社会管理严重脱节的事实，体现出一种只要"人手"不要"人口"的思想倾向。究其根源，人口输入地政府本身即是"土地城镇化"快于"人口城镇化"的实际推动者和"土地财政"的始作俑者[2]，既希望借助农村转移人口的力量来实现城市经济社会快速发展的目标，又迫于财力、社会管理、既得利益团体的压力而不愿放开户籍"门槛"来实现农村转移人口市民化，往往是在中央政府推动下勉为其难地"推一步动一步"。作为农村转移人口离农后的归宿地，人口输入地政府的态度至关重要。据此，一方面，人口输入地政府应意识到过往由于体制不健全而在农村转移人口待遇问题上所存在的历史欠账，提高对于流动人口公共服务是属地化管理重

---

① 孙自铎：《跨省劳动力流动扩大了地区差距——与缩小论者商榷》，《调研世界》2004年第2期。

② 据有关部门统计，全国土地出让金收入2008年是10375亿元，2009年是13965亿元，2010年是29110亿元，2011年是33166亿元。同期与房地产相关的地方税收收入分别为：2008年为5880亿元，2009年为7687亿元，2010年为10417亿元，2011年为8379亿元。将此两项合计作为土地财政收入，2008～2011年土地财政收入占地方财政收入的比重分别为25.12%、28.11%、37.19%和31.59%。转引自陈锡文《农业和农村发展：形势与问题》，《南京农业大学学报》（社会科学版）2013年第1期。

要内容的思想认识，贯彻中央文件精神，配合国家战略部署，按照兼顾公平与效率的原则，实施"以发展成就反哺辛勤付出，以正规身份回报职业贡献"的行动路线，合理有序推动属地农村转移人口市民化。另一方面，在敏感的农村转移人口市民化成本分担问题上，人口输入地政府应集思广益。农村转移人口市民化是个社会性问题，也理应由整个社会来共同破解。地方政府应提高土地出让金中用于农村转移人口市民化的比例，加强城市投资发展公司资本金规模，采取各种联营方式来调动民间资本投资积极性。同时，力争实现城镇政府财政收入由增值税向财产税转变。

三　人口输出地政府层面

人口输出地在早期主要是指中西部欠发达地区，如云贵川、鄂豫皖等"老、少、边、穷"地区，在后期则趋于多元，甚至很多人口输入地的农村区域也有大量剩余劳动力外出务工。客观而言，以传统农区为代表的人口输出地继新中国成立初期通过"农业支持工业、农村支持城市"的方式为国民经济建设提供原始积累后，在改革开放后再次以提供劳务输出的方式为国民经济发展做出不可磨灭的贡献，其在劳动力资源上源源不断的供给奠定了中国劳动密集型产业与出口导向型经济发展模式的基础。然而，多数人口输出地的经济却依然长期在低水平徘徊，甚至出现农村必要劳动力也流失的不利局面，制约属地经济发展。在此背景下，人口输出地政府的心理更为复杂且不可捉摸，矛盾集中于"后人口离农"时期可能出现的各种问题，既有弱化本地经济社会发展活力的忧虑，也有调整属地经济发展结构与振兴中小城镇的考虑。据此，立足于正视人口输出地经济社会发展的现实困难，为化解人口输出地政府的顾虑，提高其推动农村转移人口离农的积极性，同时保障区域协调发展，以下建议必需且可行。一是建立健全人口输出地利益补偿机制。可参考并依托粮食主产区利益补偿机制，对主要劳务输出地进行以财政转移支付、税收减免、政策资源倾斜、产业落地优先、扶贫开发等为主要形式的利益补偿，夯实其经济发展基础。二是鼓励人口输出地加快现代农业发展步伐。以新一轮农业转型为契机，转变农业经营方式，培育家庭农场、种植大户、农民专业合作组织、工商企业等新型农业经营主体，提高农业的产业化、规模化、市场化、集约化、科技化等程度，实现农业现代化发展。三是侧重于中小城镇发展，配合农村转移人口的梯次定居。可以《国家新型城镇化规划》为指导方针，结合属地情况，按照控制数量、提高质量、节约用地、体现特色的要求，推动本地中小城镇与特色产业发展相结合，与服务"三农"相结合，实现人口、资源与环境的协调，增强集聚要素的吸引力。

四 用工企业层面

用工企业是农村转移人口进城务工的落脚点，也是其城镇生活的重要联系主体。客观而言，在人口输入地，各类工商企业正是通过大量雇佣非户籍化的农民工，凭借非同工同酬的不平等就业制度，依托城镇劳动力与农村劳动力之间福利待遇成本差额，从而实现跨越式发展。换言之，从宏观角度看，工业化、城镇化受益于农村劳动力大规模外出务工；但从微观角度看，用工企业才是这种农村人口"候鸟式"流动就业的最主要获利主体，并在解决农村转移人口离农问题上责无旁贷。然而，用工企业作为市场化经营的商业性组织，易受经济利益驱使，更愿意继续维持既有的劳资关系，即支付按市场惯例所形成的工资水平并提供基本社会保障，农村转移人口离农后所带来的务工待遇提升无疑将极大提高其经营成本。以社会保障为例，农民工落户城镇后，养老保险企业缴费比例将由 12% 上升到 20%，企业社会保障支出将大大增加[①]。在此背景下，用工企业极有可能在相当长一段时间内继续利用制度创新的过渡期与适应期来延续旧有的不平等劳资关系，妨碍农村转移人口离农进城。据此，一方面，要继续规范用工制度，引导用工企业建立互利共赢、和谐稳定的新型劳资关系。用工企业应积极树立"以人为本"的发展理念，尊重员工劳动权益，缔造员工与企业共同成长的发展机制，如允许员工持有公司股份，鼓励农村转移人口精英分子进入企业中高级管理层。另一方面，国家要继续致力于推动市场繁荣，为用工企业健康有序发展营造良好市场环境，并采取各种必要措施来保障企业经营效益。在政府采购方面，优先考虑农村转移人口雇佣企业、农村转移人口自营企业等；推动工商、劳动保障、妇联、民政等有关部门定期对企业用工规范情况进行检查，对示范企业进行必要的税收减免奖励等。

---

① "城镇化进程中农村劳动力转移问题研究"课题组：《城镇化进程中农村劳动力转移：战略抉择和政策思路》，《中国农村经济》2011 年第 6 期。

第二节　农村转移人口离农的政策协调机制

政策体系具有结构性与层次性，需协调以形成合力。当前，随着国家不断加大农村转移人口离农支持力度，各类政策纷纷颁布实施。实践表明，政策实施过程中不免出现完备性不足、供需失衡、相互冲突等弊端，不仅仅影响政策资源使用效率，更为重要的是阻碍农村转移人口离农事业有序开展。据此，有必要进一步对现有农村转移人口离农政策体系进行梳理与归纳，提高政策协调性。

一　提高农村转移人口离农政策的供需平衡性

由于计划体制惯性，中国公共政策往往由上级政府进行公共问题的形势判断与政策的问题构建，并统一部署政策的目标、时限、边界、结构、工具等。然而，对于中国这样一个幅员辽阔、区域差异与个体异质性尤为明显的大国而言，多层级政府结构往往不可避免地产生信息不对称问题，若忽略了地方政府与基层民众的需求意愿，便背离了现实情况，并导致上层政策供给与基层政策需求产生偏差，自然难以实现预期效果，农村转移人口离农政策也不例外。根据调查统计，不难发现农村转移人口对于政府存在明确的支持需求，且集中于技能培训（33.4%）、职业介绍（28%）与用工咨询（19.8%）等就业领域，这也与之前关于农村转移人口亟须提高务工能力与加强信息收集的判断相吻合（见图9-1）。但是，如前所述，农村转移人口外出务工渠道多来自民间，素质提升多依靠自身，正规组织的贡献则极其有限，这反映出政府支持方向和侧重点与农村转移人口的内在需求并非一致。此外，在城镇基础设施、公共服务等领域也同样存在决策部门的"本位主义"与"长官意识"问题，以至于民意表达不充分。客观而言，目前政策供给与政策需求的最大差异在于：政府聚焦于从宏观层面，力图尽快调整资源配置格局，政策指向也多以此为纲，如加快农村土地流转、实现人口城乡合理分配、依托城镇化来重聚经济资源等，在重视"公平"的同时仍不忘"效率"；而农村转移人口是朴素的"小民"，侧重于从微观层面考虑自身背井离乡、出村入城后的基本生存问题，吸引他们的固然是城镇现代化所带来的更好发展空间，但他们关注的是与自身生活息息相关的具体细节，如放弃农地补偿、就业机会获取、社会排斥消除等，在不懂"效率"的同时极其看重"公平"。在"以人为本"的既有方针下，如何在经济发展新常态、新旧体制摸索期、社会环境剧变期、人口离农高峰期、宏观调控关键期，处理好农村转移人口离农过程中的"抓大不放小"问题，成为政策制定者不得不面对的现实。据此，一方面要在坚持离农政策"顶层设计"的同时，持续关注农村转移人口的利益诉求。例如，在推进房地产市场繁荣的同时注意廉租房与经济适用房建设，在加强社会保障制度建设的同时注意行政审批手续简化，在协调产业布局的同时注意人口就业问题，在优化教育资源配置的同时注意农民工子弟教育，在营造城市环境的同时注意外来人口区域环境改善等。另一方面要重视紧凑型城镇建设。在财力约束条件下，应侧重于城镇内涵式发展，从城镇治理与资源利用角度出发，通过城镇高密度、功能混用以及密集化来提高城镇承载力，优先改善城镇原有居民与市民化后农村转移人口的生活质量。

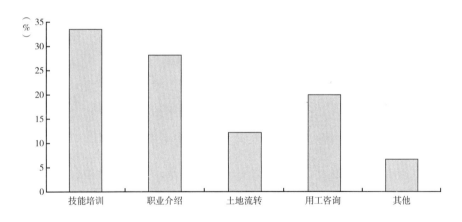

图 9－1　农村转移人口的政府支持需求构成

二　提高农村转移人口离农政策的动态延续性

农村人口转移由来已久，关于农民工的福利待遇、社会保障、公共服务等政策规定也一直存在。事实上，自 20 世纪 90 年代农村转移人口开始大量涌入城镇起，便存在有关农民工权益保障的政策法规，只是较为宏观、宽泛、笼统以及概念化，操作性不足，且难以适应不断涌现的新情况、新问题。换言之，农村转移人口离农政策支持并不是非无即有的，而是侧重程度时高时低的。自党的十八大以来，农村转移人口离农问题被决策层高度关注，其自愿退农以及市民化的重要性被提升到新高度，诸多新政策、新规定出台。据此，如何实现新旧制度有效衔接，充分利用政策资源，继而保证政策的动态延续性且有效表达国家意图便显得极其关键。实践表明，农村转移人口离农政策体系存在诸多值得商榷之处。以社会保险为例，人社部社保中心统计数据显示，2011 年全国开具基本养老保险参保缴费凭证以转移接续的人群中，成功转移的人仅占 20%，约八成的人因流动而中断，使得社会保险不仅不能成为农民工"安全网"，反而成为对农民工群体的利益剥夺①。此情况下，一方面，农村转移人口离农的政策体系构建应进一步发挥地方政府的主观能动性，鼓励其结合地方性信息而因地制宜地设计可行性较强、可接受度更高的属地政策，如农村土地流转模式、农村转移人口利益补偿方式等。另一方面，要注重措施完备性，加强政策设计的科学性与合理性。例如，可尝试将城镇医疗保险与农村合作医疗相衔接，避免今后再次出现农民工在城镇生病而要返回家乡接受治疗的现象；尽快实现农村转移人口住房公积金与社会保险在缴纳、转移、接续、享受等环节的联网服务；加速农村承包地所有权、经营权、收益权的"三权分离"等。

三　提高农村转移人口离农政策的结构互补性

类似于绝大多数公共政策，农村转移人口离农政策往往政出多门，缺乏综合性配套措施，以致政策行动通常难以保持一致，并不利于形成整体效应。例如，在农村土地流转的大趋势下，加强新型农业经营主体培育与关注农民职业教育不同步；农村转移人口就业岗位创造与产业布局调整不相配合；农村转移人口市民化进程强调户籍制度改革与社会保障机制构建，但暂时缺乏有效的社会融合机制设计，且各类政策的延续性与系统性存在很大漏洞等。总体而言，农村转移人口离农存在高成本、巨复杂、长期性、跨区域、反复性等特征，涉及退出农地与农业、融入城镇并市民

---

① 《中国每年 3000 多万人断缴养老保险多因转移接续不畅》，http：//fujian. people. com. cn/ n/2013/1220/c181466 - 20191525 - 2. html。

化、有序迁移等环节，涵盖教育、医疗、卫生、文化、社保、住房等内容，需要各职能部门分工合作来共同推动。据此，一方面要增强农村转移人口离农政策体系的全局性。以部门联席会议为平台，扬弃以往的部门观念，综合考虑政策实施方略。另一方面要优化农村转移人口离农政策体系的配套性。借助"四化"同步发展与全面深化改革之东风，整合部门利益，调整部门结构，分解行政权力，简化行政手续，创新管理体制，推动农村转移人口离农政策体系逐步向结构互补性更强的方向演进。

第三节　农村转移人口离农的绩效评价机制

政策利民，重在绩效。公共政策解决的是公共问题，动用的是公共资源，绩效必然要予以重点评价，既要评价政策的目标是否实现，也要评价政策的成本是否合理。农村转移人口离农事业主要依靠政策推动，既具有明确的目标导向，又涉及农民工市民化开销、农民退出承包地的政策性补偿、农民工职业培训补贴、人口输入地与用工企业财税优惠等费用，这决定了其同样适用于公共支出绩效评价的经济性、效率性、效果性的"3E"原则。此外，社会力量与民间资本也是不可忽视的投入力量，其绩效也应引起普遍重视。事实上，中国农村转移人口离农的绩效评价目前仍处于起步与草创阶段，突出体现为评价主体缺失、评价标准待商榷、评价机制不健全等，亟待建立健全。

一　健全农村转移人口离农的绩效评价主体

农村转移人口离农具有重要的战略意义，其进展情况备受社会各界关注，更重要的是牵动决策层的神经。在现行行政管理体制下，评价公共政策绩效的机构主要涉及负责宏观调控的发改部门、负责资金拨付的财政部门、负责数据获取的统计信息部门以及负责具体单项工作的职能部门等。同时，随着经济社会不断发展进步，社会中介机构、民间社团组织、科研院所对于公共事务也抱有极大的评价热情，并具备一定评价实力。上述力量共同构成农村转移人口离农的绩效评价主体。据此，为进一步加大农村转移人口离农绩效评价力度，既要继续致力于塑造多元绩效评价主体，同时又要侧重强化绩效评价主体能力。对于前者，除依靠官方正规机构进行常规性绩效评估外，还要注意吸纳社会意见，提高评价结果的科学性。例如，可通过政府购买服务方式，利用会计事务所、审计事务所、法律事务所、咨询公司等商业化组织以及科研院所等学术机构的灵活性与独立性，委托其开展必要的社会调查与分析，并尝试与政府资料进行对接。对于后者，要转变职能部门"重投入，轻效益"的固有思维，强化评价结果对于实践的指导作用，提升评价结果的应用价值。建议由国家发改委系统牵头，借助统计信息部门的数据收集平台，分别在城镇与乡村建立农村转移人口离农事项的固定观察点并实施动态监测，通过实地访谈、问卷调查、驻村观察、主观描述等方式获取反映农村转移人口离农绩效的第一手资料与数据。

二 廓清农村转移人口离农的绩效评价标准

农村转移人口离农具有多重内涵，涉及多元目标指向，评价标准的有效择定事关评价结果的科学性。据此，为保证农村转移人口离农绩效评价的长效性，一是要正确定位政策应有绩效。农村转移人口离农受多重因素共同作用，政策固然是重要支撑，但同样不应忽视经济发展、社会进步、农村转移人口素质提升、农村土地流转规范化以及其他公共政策所产生的交叉效应与助推效果，尤其是在经济发展新常态下国家相继出台诸多拉内需、扩出口的宏观调控政策。在对政策绩效进行评价的过程中，有必要剔除上述非专属政策效果的影响，同时注意对非预期效果与负面效果的监测。二是要合理搭配定性指标与定量指标。不可否认，随着测量工具细化与研究方法进步，农村转移人口离农的诸多经济变量能够被更为有效地定量测度，如农村转移人口市民化比重、农村土地流转规模与结构、政府组织外出务工人员数量、市民化后农村转移人口享受社会保障与公共服务比重、城镇教育资源对农村转移人口子弟教育的覆盖率、城镇消费指数等，但仍有诸多非经济变量，尤其是心理变量仍必须依靠定性指标进行分析，如市民化后农村转移人口的生活幸福感、社会认同感、城镇信任感、就业归属感等。在农村转移人口离农绩效评价过程中，要以全面性为原则，兼顾定性指标与定量指标。三是要考虑政策绩效的阶段性特征。由于诸多主客观因素，农村转移人口离农注定将是一个渐进式过程，不同政策在不同时期的基本任务、作用方式、效果程度均有所不同，有些政策将是临时过渡的，有些政策将是动态升级的，有些政策将是单一指向的，有些政策将是交叉互补的，故相应绩效评价指标选取应考虑到阶段性特征。

三　完善农村转移人口离农的绩效评价内容

农村转移人口离农主要涉及自愿退农、市民化与有序转移三大领域，这同样也是绩效评价所关注的核心环节，绩效评价还要充分考虑到经济效益、社会效益、生态效益等多方面内容。具体而言，一是自愿退农环节应聚焦于评价农村转移人口财产权利处置情况。在承包地处置上，侧重于评价农地退出、农地流转、农村转移人口利益补偿、农地再分配后用途等内容；在宅基地处置上，侧重于评价土地复垦、村庄规划、城镇房屋置换、新型农村社区建设等内容；在集体财产权利处置上，侧重于评价股权分配、利益分配等内容。同时，从整体角度来考察现代农业发展、农村转移人口离村进城、农村生态环境恢复等情况。二是市民化环节应聚焦于农村转移人口享受社会保障与公共服务情况。在子女教育上，侧重于评价义务教育普及率、非义务教育升学率、职业培训覆盖率等；在住房保障上，侧重于评价廉租房与经济适用房建设、单位集体宿舍供给、住房公积金保证等；在就业服务上，侧重于评价公平就业制度构建、劳资关系平等、工会组织健全、利益诉求渠道修正等。同时，从整体角度来考察城镇市政基础设施建设、行政管理程序简化、新户籍制度落实、新旧市民融合、社会治安管理、生态环境改善等情况。三是有序转移环节聚焦于农村人口转移的渠道与流向。在转移渠道上，侧重于评价正规组织外出务工与民间组织外出务工的人群比例对比、就业中介服务组织发展、劳动力市场信息供给等；在转移流向上，侧重于评价全国范围内东、中、西部地区农村转移人口的比例分配、跨省流动人群比重、中小城镇务工人群比重等。同时，从整体角度来考察农民工在不同区域的供需规模、结构等情况。

第四节　农村转移人口离农的执行监督机制

实践表明，公共政策并不总被严格执行，这是公共管理领域中的长久难题。正如美国学者艾利斯所言："在实现政策目标的过程中，方案确定的功能只占10%，而其余的90%取决于有效执行。"在很长一段时间内，中国并没有颁布农村转移人口的纲领性文件，相关规定更多分散在各类政府工作报告中，缺乏完整性、系统性且导向性不足，难以有效监管农村人口转移事宜，更勿论进一步解决农村转移人口离农问题。据此，为避免国家政策善意被消解，同时充分发挥政策功效，必要的执行监督不可或缺。

一 防止农村转移人口离农政策的传递失真

农村转移人口离农政策的构建、制定与执行是一项系统工程。一方面波及范围广，涵盖从中央到地方、从城镇到乡村、从政府到企业、从市民到农民；另一方面涉及种类多，包括农村土地流转监管、农民工市民化成本分担、农村人口转移正规渠道建设、农村人口转移后享受公共服务、城镇原住民与市民化后农村转移人口的社会融合等方方面面。由于中间渠道单一、狭长、多节点，政策传递环节极易引起信息失真，并影响政策效果。这主要包括解读有误与蓄意偏差两种情况。对于前者，执行主体自身的有限理性，加上上级指令本身过于原则化、宏观性影响到对政策的解读能力。对于后者，执行主体出于自身利益的考虑往往会对政策进行选择性执行。以农村土地流转为例，在自愿前提下，国家鼓励农村转移人口退出农地并提倡转变农业经营模式，继而实现农业现代化发展。然而，部分地方政府受经济利益与政治绩效的驱使，过于激进地采取强制性制度变迁方式来引导农地向工商企业等新型农业经营主体集中，反而忽视了事物发展客观规律。再如，许多地方政府借城镇化之机，大肆扩张城区面积，吞并周边土地，反而忽略了"人的城镇化"的应有之义。据此，为消减各种形式的政策信息传递失真，一是要加强源头治理，注重政策制定的规范性与逻辑性，避免政策理解模糊性，同时尽量缩小政策制定者与执行者之间效用函数的差异，提高执行主体动力。二是要加强渠道治理，完善政策传递预警机制，优化政策传递反馈机制，建立健全各级公共政策传递主体之间的对话渠道，拓宽公众反馈渠道。

二 强化农村转移人口离农政策的执行力度

政策执行主体的执行力直接决定政策执行效果。农村转移人口离农政策归根结底需要依靠各类执行主体来贯彻实施。这要求做到以下几点。一是加强政策环境塑造。2014 年 7 月 30 日，备受关注的《国务院关于进一步推进户籍制度改革的意见》公布，标志着户籍改革全面实施，自1958年起延续近半个世纪的城乡二元户籍制度将成为历史，传达出变候鸟迁徙式的农民转移就业模式为市民化模式的积极信号。此次户籍制度改革的目标锁定于努力实现约1亿名农业转移人口和其他常住人口在城镇落户安居，给农村人口转移到城镇释放了一个明确而积极的信号。中央政府的坚决态度对于各地方政府将起到极大威慑作用，并推动其自觉按照政策规定履行职责。二是要加强执行监督制度建设。如完善投诉举报制度、严格执行规范性文件备案制度、健全行政复议工作制度、优化责任追究制度、建立行政首长问责制度、实施行政首长负责制度、创新行政过错责任追究制度等，从体制上为农村转移人口离农政策的监督奠定基础并创造条件。

三　创新农村转移人口离农政策的监管手段

农村转移人口离农政策的执行监督除注重政府内部的必要监督外，还要充分调动社会各界力量。具体而言，要做到以下几点。一是加强行政监督。加紧全国人民代表大会关于《农村转移人口法》的立法工作，加强权力机关部门对政策执行的法律监督。二是加强部门内部监督。在财政部门、农业部门、国土资源部门、建设部门等核心机构内部加强内控机制建设，按照负责人高配、检查机构单设、权力实施直线负责的基本原则，充分利用系统内部信息对称的优势，提高监督强度。三是加强社会舆论监督。借助社会各界对于农村转移人口离农问题的广泛关注，利用网络、报纸、期刊、杂志等各种媒体，鼓励舆论加强对相关事件的跟踪、披露与评价。

附件一　农村转移人口离农调查问卷

编号＿＿＿＿＿＿＿＿＿＿＿＿＿

《农村转移人口离农》问卷

您好!

我们是信阳师范学院大别山区经济社会发展研究中心"农村转移人口离农"调查组。为更好地了解农村劳动力转移现状,改善和提高农业生产与农民生活状况,为政府制定支农政策提供参考,调查组特进行本次专题调研活动。调查组从每个村庄随机抽取一部分外出务工人员作为代表,您是其中一位。请您根据实际情况填写,凡涉及个人隐私的资料,我们将一定保密。

本次调查纯属学术研究需要,真诚感谢您的支持!

信阳师范学院大别山区经济社会发展研究中心

联系电话: 0376 - 6390596

2013 年 12 月

调查地点:　　省　　市　　县　　乡(镇)　　村

调查员:

调查时间:　　年　　月　　日

A表　被调查人基本信息及家庭经济情况调查表

1. 您的年龄：_____周岁

2. 您的性别：_____

   A 男 　　　　　　　　　B 女

3. 您的婚姻状况：_____

   A 已婚 　　　　　　　　B 未婚 　　　　　　　　C 未婚但有恋爱对象

   D 离异 　　　　　　　　E 丧偶

4. 您的受教育程度：_____

   A 文盲、半文盲 　　　　B 小学 　　　　　　　　C 初中

   D 高中或中专 　　　　　E 大专及以上

5. 您家的生活水平在村子里属于：_____

   A 下等水平 　　　　　　B 中等偏下水平 　　　　C 中等水平

   D 中等偏上水平 　　　　E 上等水平

6. 您家有耕地_____块，共_____亩，其中可灌溉面积_____亩。目前有_____亩自己耕种，有_____亩交由他人耕种，有_____亩撂荒闲置。在自己耕种的耕地里，目前种植面积最大的农作物是_____。

7. 您家每年从事农业生产的收入占总收入比例约为_____%，每年外出务工的收入占总收入比例约为_____%；每年用于农业生产的支出占总支出比例约为_____%。

B表　被调查人外出务工情况调查表

1. 您首次外出务工是_____岁；您外出务工总计_____年；您曾经在_____个城市务工过。

2. 您家共有_____人；其中，16～60岁（女55岁）的有_____人，常年外出务工的共有_____人。

3. 您现在平均每年返乡_____次；平均每次返乡_____天。

4. 您的配偶目前是否陪同你一起外出务工：_____

   A 是 　　　　　　　　　B 否 　　　　　　　　　C 尚无配偶

5. 您的子女目前是否在你外出务工地点一起生活：_____

    A 是   B 否   C 尚无子女

6. 您家目前是否有老人留守农村：_____

    A 是   B 否

7. 您与农村的亲戚朋友现在是否经常联系：_____

    A 经常联系   B 偶尔联系

    C 几乎不联系   D 完全不联系

8. 您与城市的亲戚朋友现在是否经常联系：_____

    A 经常联系   B 偶尔联系   C 几乎不联系

    D 完全不联系   E 城市没有亲朋好友

9. 您外出务工最主要的途径：_____

    A 政府组织   B 中介介绍   C 亲友介绍

    D 自己求职   E 媒体网络   F 其他

10. 您曾经的外出务工地点：_____（可多选）

    A 本乡/镇   B 本县   C 本市

    D 本省省会   E 外省   F 其他

11. 您目前的外出务工地点：_____

    A 本乡/镇   B 本县   C 本市

    D 本省省会   E 外省   F 其他

12. 您外出务工除增加收入外，最主要原因：_____

    A 家里农活少   B 脱离农村   C 出门学技术

    D 开阔眼界   E 只为增加收入   F 其他

13. 您曾经外出务工的工种：_____（可多选）；您曾经工作过最长时间的工种：_____；您现在外出务工的工种：_____。

    A 制造业工厂   B 建筑采掘业   C 住宿餐饮业

    D 交通运输业   E 家庭服务   F 批发零售业

    G 社区服务   H 零工   I 个人做生意

    J 其他

14. 您认为务工所在地居民对外来务工者的态度：_____

    A 非常欢迎   B 比较欢迎   C 一般化

    D 不太欢迎   E 说不清楚

15. 您认为家乡政府应从哪些方面支持外出务工：＿＿＿＿＿＿（可多选）

    A 技能培训　　　　　　B 职业介绍　　　　　　C 土地流转

    D 用工资讯　　　　　　E 其他

16. 您现在外出务工的住房：＿＿＿＿＿＿

    A 单独租　　　　　　　B 与人合租　　　　　　C 借住亲友处

    D 购买商品房　　　　　E 自建　　　　　　　　F 单位提供

    G 其他

17. 您认为外出务工最大困难是什么？第一：＿＿＿＿＿＿；第二：＿＿＿＿＿＿；第三：＿＿＿＿＿＿。

    A 社会关系少，办事难　B 工作压力大　　　　　C 住房解决难

    D 工作难找　　　　　　E 孩子入学麻烦　　　　F 受歧视

    G 收入低　　　　　　　H 缺乏技能　　　　　　I 工资不按时发放

    J 消费高　　　　　　　K 家中土地流转难

    L 城市医疗保险解决难　M 其他

18. 您是否愿意留在城镇定居：＿＿＿＿＿＿

    A 愿意，想在城镇定居

    B 还没考虑，但依目前情况会留在城里

    C 若在城里生活状况好转，会定居下来

    D 不愿意，年纪大了就回老家

19. 您认为拥有城市户口是否重要：＿＿＿＿＿＿

    A 非常重要　　　　　　B 比较重要　　　　　　C 一般重要

    D 不太重要　　　　　　E 完全不重要

20. 您认为落户城市最大困难是什么？第一：＿＿＿＿＿＿；第二：＿＿＿＿＿＿；第三：＿＿＿＿＿＿。

    A 人生地不熟　　　　　B 住房解决难　　　　　C 工作难找

    D 受歧视　　　　　　　E 收入低　　　　　　　F 消费高

    G 户口难解决　　　　　H 其他

21. 您目前持有耕地的最主要用途：＿＿＿＿＿＿

    A 解决生活用粮　　　　B 增加经济收入　　　　C 提供就业

    D 为子孙维持承包权　　E 未来养老　　　　　　F 寄托感情

    G 其他

22. 您在什么情况下愿意彻底放弃土地：＿＿＿＿＿（可多选）

    A 永不放弃   B 政府有补偿征地

    C 有稳定非农就业机会   D 有城市户口

    E 农村没有家人（父母妻儿）   F 以土地置换城里的房屋

    G 以土地置换养老保险与医疗保险   H 可以解决子女入学与就业问题

    I 村集体资源合理分配后   J 其他

23. 如果您不外出务工，并重新选择经营农业，原因是：＿＿＿＿＿（可多选）

    A 非农职业风险太大   B 城里人歧视外来人   C 父母孩子要照顾

    D 农业收入高   E 现在出去赚钱难   F 做生意失败

    G 工作压力太大   H 不适合城市生活   I 落叶归根的观念

    J 其他

24. 您外出务工的影响因素评价（打√）

	很强影响	较强影响	一般影响	较弱影响	无影响
城市务工收入					
用工单位是否有各类保险					
城市教育资源					
城市生活成本					
城市户口					
家中有妻儿老小					
当地政府组织外出					
务工所在地与家乡距离					

附件二　农村转移人口离农访谈提纲

一　访谈内容

1. 村庄劳动力外出务工的基本情况。

2. 劳动力外出务工后村庄的农业生产情况。

3. 劳动力外出务工后村庄的留守人员生存情况。

4. 农民外出务工的动因、地点、工种等，以及一般性规律。

5. 农民外出务工后，家人生活情况。

6. 农民对外出务工的顾虑。

7. 影响农民外出务工的因素。

8. 农民对进城定居的看法。

9. 农民对进城定居的顾虑。

10. 农民难以融入城市的原因。

11. 影响农民定居城市的外部影响因素。

12. 农民对当前拥有的土地等农村财产的态度。

13. 农民工回流农村的基本情况。

二　访谈对象

1. 村主要干部（了解村庄整体情况）。

2. 村内熟悉农户（熟人）。

3. 村内回流农村的老农民工。

4. 村内普通农户（从事农业生产）。

参考文献

[1] 白积洋：《农民土地退出的意愿与影响因素分析——基于湛江市 782 个农户样本调查》，《农业部管理干部学院学报》2012 年第 8 期。

[2] 白南生、何宇鹏：《回乡，还是进城？——中国农民外出劳动力回流研究》，载李培林编《农民工——中国进城农民工的经济社会分析》，社会科学文献出版社，2003。

[3] 白南生、何宇鹏：《回乡，还是外出？——安徽四川二省农村外出劳动力回流研究》，《社会学研究》2002 年第 3 期。

[4] 陈昌兴：《转型期中国农民工价值观研究》，知识产权出版社，2014。

[5] 蔡昉：《市场经济如何推进户籍制度改革》，《人口与计划生育》2003 年第 6 期。

[6] 蔡昉：《中国流动人口问题》，河南人民出版社，2000。

[7] 蔡昉、都阳：《劳动力流动的政治经济学》，上海三联书店，2003。

[8] 蔡昉、王美艳：《农村劳动力剩余及其相关事实的重新考察》，《中国农村经济》2007 年第 10 期。

[9] 陈浩：《非农职业因素对农户兼业结构及其离农意愿的影响》，《南京农业大学学报》（社会科学版）2013 年第 1 期。

[10] 陈会广、陈昊、刘忠原：《土地权益在农民工城乡迁移意愿影响中的作用显化——基于推拉理论的分析》，《南京农业大学学报》（社会科学版）2012 年第 1 期。

[11] 陈吉元等：《论中国农业剩余劳动力转移——农业现代化的必由之路》，经济管理出版社，1990。

［12］ 蔡玲、徐楚桥：《农民工留城意愿影响因素分析——基于武汉市的实证调查》，《中国农业大学学报》（社会科学版）2009 年第 1 期。

［13］ 程名望：《中国农村剩余劳动力转移：机理、动因与障碍——一个理论框架与实证分析》，同济大学出版社，2012。

［14］ 程名望、史清华、刘晓峰：《中国农村劳动力转移：从推到拉的嬗变》，《浙江大学学报》（人文社会科学版）2005 年第 6 期。

［15］ 陈前虎、杨萍萍：《农民工市民化意愿影响因素的实证研究——以浙江省为例》，《浙江工业大学学报》（社会科学版）2012 年第 3 期。

［16］ 陈庆云：《公共政策分析》，中国经济出版社，1996。

［17］ 谌新民：《农村剩余劳动力外出就业风险：预警与公共政策选择》，人民出版社，2012。

［18］ 陈锡文：《农业和农村发展：形势与问题》，《南京农业大学学报》（社会科学版）2013 年第 1 期。

［19］ 陈锡文：《中国农业发展形势及面临的挑战》，《农村经济》2015 年第 1 期。

［20］ 陈欣欣、黄祖辉：《经济发达地区就地转移劳动力向城市迁移的影响因素分析——基于浙江省农户意愿的调查分析》，《中国农村经济》2013 年第 5 期。

［21］ 柴彦威：《时间地理学的起源、主要概念及其应用》，《地理科学》1998 年第 2 期。

［22］ 柴彦威、王恩宙：《时间地理学的基本概念与表示方法》，《经济地理》1997 年第 3 期。

［23］《城镇化进程中农村劳动力转移问题研究》课题组：《城镇化进程中农村劳动力转移：战略抉择和政策思路》，《中国农村经济》2011 年第 6 期。

［24］ 邓大才：《关于土地承包经营权流转市场的几个重大判断》，《学术研究》2009 年第 10 期。

［25］ 邓曲恒、古斯塔夫森：《中国的永久移民》，《经济研究》2007 年第 4 期。

［26］ 都阳：《劳动力迁移收入转移与贫困变化》，《中国农村观察》2003 年第 5 期。

［27］ 杜鹰：《现阶段中国农村劳动力流动的群体特征与宏观背景分析》，

《中国农村经济》1997年第6期。

[28] 傅伯仁、李爱宗、张亮、王波：《促进农村劳动力成功转移：对五大制度的审视》，《西北农林科技大学学报》（社会科学版）2010年第5期。

[29] 方创琳等：《中国新型城镇化发展报告》，科学出版社，2014。

[30] 樊纲等：《农民工早退：理论、实证与政策》，中国经济出版社，2013。

[31] 冯胜：《印度农村劳动力转移问题及其对我国的启示》，《南亚研究季刊》2009年第3期。

[32] 高更和、陈淑兰、李小建：《中部农区农户打工簇研究：以河南省三个样本村为例》，《经济地理》2008年第2期。

[33] 顾海英：《新农村建设过程中农村剩余劳动力有效转移的途径和对策》，《社会科学》2006年第7期。

[34] 高佳、李世平：《城镇化进程中农户土地退出意愿影响因素分析》，《农业工程学报》2014年第6期。

[35] 古杰、周素红、闫小培：《生命历程视角下的广州市居民居住迁移的时空路径》，《地理研究》2013年第1期。

[36] 高强：《发达国家农户兼业化的经验及启示》，《中国农村经济》1999年第9期。

[37] 辜胜阻、李永周：《我国农村城镇化的战略方向》，《中国农村经济》2000年第6期。

[38] 辜胜阻、郑凌云、易善策：《新时期城镇化进程中的农民工问题与对策》，《中国人口·资源与环境》2007年第1期。

[39] 国务院发展研究中心课题组：《农民工的八大利益诉求》，《发展研究》2011年第12期。

[40] 国务院发展研究中心课题组：《农民工市民化：制度创新与顶层政策设计》，中国发展出版社，2011。

[41]《国务院关于解决农民工问题的若干意见》（单行本），人民出版社，2006。

[42] 郭晓鸣、周小娟：《老一代农民工：返乡之后的生存与发展——基于四川省309位返乡老一代农民工的问卷分析》，《中国农村经济》

2013 年第 10 期。

［43］韩长赋：《中国农民工发展趋势与展望》，《经济研究》2006 年第
12 期。

［44］贺东航、孔繁斌：《公共政策执行的中国经验》，《中国社会科学》
2011 年第 5 期。

［45］黄德林、陈永杰：《农民工职业技能培训意愿及影响机理研究——基
于武汉市、厦门市、沧州市的实证调查》，《中国软科学》2014 年第
3 期。

［46］侯鸿翔、王嫒、樊茂勇：《中国农村隐性失业问题研究》，《中国农村
观察》2000 年第 5 期。

［47］韩俊、崔传义：《巴西城市化过程中贫民窟问题对我国的启示》，《中
国发展观察》2005 年第 6 期。

［48］黄江泉：《农民工分层：市民化实现的必然选择及其机理浅析》，《农
业经济问题》2011 年第 11 期。

［49］黄建强、郭宗萱：《农村必要劳动力与劳动力转移问题研究》，《江西
社会科学》2011 年第 7 期。

［50］黄嘉文：《农民工入户意愿及其影响因素研究——基于 2009 年广东
省农民工调查数据分析》，《人口与经济》2012 年第 2 期。

［51］何建新、舒宏应、田云：《我国农村劳动力转移数量测算及影响因素
分解研究》，《中国人口资源与环境》2011 年第 12 期。

［52］黄锟：《中国农民工市民化制度分析》，中国人民大学出版社，2011。

［53］河南省社会科学院城市发展研究所课题组：《新型城镇化进程中实现
农村人口有序转移研究》，《区域经济评论》2013 年第 1 期。

［54］黄乾：《农民工定居城市意愿的影响因素——基于五城市调查的实证
分析》，《山西财经大学学报》2008 年第 4 期。

［55］贺振华：《农户兼业的一个分析框架》，《中国农村观察》2005 年第 1 期。

［56］黄宗智：《华北的小农经济与社会变迁》，中华书局，2000。

［57］黄宗智：《制度化了的"半工半耕"过密型农业（上）》，《读书》
2006 年第 2 期。

［58］蒋科：《工业革命时期德国劳动力转移的特点》，硕士学位论文，重
庆师范大学，2012。

[59] 杰拉尔德·M. 梅尔等:《经济发展的前沿问题》,黄仁伟译,上海人民出版社,2004。

[60] 景晓芬、马凤鸣:《生命历程视角下农民工留城与返乡意愿研究——基于重庆和珠三角地区的调查》,《人口与经济》2012 年第 3 期。

[61] 简新华、黄锟:《中国工业化和城市化过程中的农民工问题研究》,人民出版社,2008。

[62] 简新华、张建伟:《从农民到农民工再到市民——中国农村剩余劳动力转移的过程和特点分析》,《中国地质大学学报》(社会科学版)2007 年第 6 期。

[63] 纪志耿:《中国粮食安全问题反思——农村劳动力老龄化与粮食持续增产的悖论》,《厦门大学学报》(哲学社会科学版)2013 年第 2 期。

[64] 李德洗:《农村劳动力转移的经济学分析》,硕士学位论文,河南农业大学,2004。

[65] 刘洪银:《技术进步影响农村劳动力转移的条件和机理》,《软科学》2011 年第 7 期。

[66] 陆铭、陈钊、严冀:《收益递增、发展战略与区域经济的分割》,《经济研究》2004 年第 1 期。

[67] 罗明忠:《农村劳动力转移:决策、约束与突破——"三重"约束的理论范式及其实证分析》,中国劳动社会保障出版社,2008。

[68] 刘妮娜、刘诚:《人口有序流动与有质量的城镇化》,《经济体制改革》2013 年第 6 期。

[69] 刘青:《关于农村富余劳动力转移的思考》,《农村经济》2004 年第 10 期。

[70] 李强:《影响中国人口流动的推力与拉力因素分析》,《中国社会科学》2003 年第 1 期。

[71] 李强、龙文进:《农民工留城与返乡意愿的影响因素分析》,《中国农村经济》2009 年第 2 期。

[72] 刘彦随、乔陆印:《中国新型城镇化背景下耕地保护制度与政策创新》,《经济地理》2014 年第 4 期。

[73] 李占才、运迪:《改革以来我国农村劳动力转移政策的演化及其经验》,《当代中国史研究》2009 年第 6 期。

[74] 梅建明:《工业化进程中的农户兼业经营问题的实证分析》,《中国农村经济》2003 年第 6 期。

[75] 马晓河、马建蕾《中国农村劳动力到底剩余多少》,《中国农村经济》2007 年第 12 期。

[76] 戚迪明、张广胜:《农民工流动与城市定居意愿分析——基于沈阳市农民工的调查》,《农业技术经济》2012 年第 4 期。

[77] 钱文荣、李宝值:《初衷达成度、公平感知度对农民工留城意愿的影响及其代际差异——基于长江三角洲 16 城市的调研数据》,《管理世界》2013 年第 9 期。

[78] 石川、杨锦秀、杨启智等:《外出农民工回乡意愿影响因素分析——以四川省为例》,《农业技术经济》2008 年第 3 期。

[79] 舒尔茨:《经济发展的长期政策》,《经济研究》1988 年第 7 期。

[80] 沈坤荣、唐文健:《大规模劳动力转移条件下的经济收敛性分析》,《中国社会科学》2006 年第 5 期。

[81] 申鹏:《农村劳动力转移的制度创新》,社会科学文献出版社,2012。

[82] 速水佑次朗、弗农·拉坦:《农业发展的国际分析》,中国社会科学出版社,2000。

[83] 苏少之:《1949—1978 年中国城市化分析》,《当代中国史研究》1999 年第 2 期。

[84] 申晓梅、刘涛:《失业返乡农民工就业意愿调研及其对策思考——基于对四川省几个主要劳务输出地返乡务工农民就业意愿的问卷访谈》,《农村经济》2010 年第 3 期。

[85] 陕西省发改委经济研究所课题组:《深入推进陕西城镇化中农村人口转移转化研究》,《经济研究参考》2013 年第 25 期。

[86] 沈玉:《论英国圈地运动与工业革命的劳动力来源》,《浙江大学学报》(人文社会科学版)2001 年第 1 期。

[87] 宋志辉:《印度的农业发展及对我国的启示》,《农村经济》2009 年第 4 期。

[88] 石智雷、谭宇、吴海涛:《返乡农民工创业行为与创业意愿分析》,《中国农村观察》2010 年第 5 期。

[89] 孙自铎:《跨省劳动力流动扩大了地区差距——与缩小论者商榷》,

《调研世界》2004 年第 2 期。

[90] 汤云龙：《农民工市民化：现实困境与权益实现》，《上海财经大学学报》2011 年第 5 期。

[91] 王斌、薛凤蕊：《河北省农村居民宅基地置换意愿及影响因素》，《贵州社会科学》2013 年第 5 期。

[92] 王得忠：《对农村剩余劳动力有效转移的探析》，《经济问题》2007年第 8 期。

[93] 汪发元：《中外新型农业经营主体发展现状比较及政策建议》，《农业经济问题》2014 年第 10 期。

[94] 武国定、方齐云、李思杰：《中国农村劳动力转移的效应分析》，《中国农村经济》2006 年第 4 期。

[95] 王国刚：《城镇化：中国经济发展方式转变的重心所在》，《经济研究》2010 年第 12 期。

[96] 王桂新、陈冠春、魏星：《城市农民工市民化意愿影响因素考察：以上海市为例》，《人口与发展》2010 年第 2 期。

[97] 吴靖：《多维视角下我国农村剩余劳动力转移的主体城镇形态》，《宏观经济研究》2010 年第 8 期。

[98] 王俭贵、丁守海：《中国究竟还有多少农村剩余劳动力》，《中国社会科学》2005 年第 5 期。

[99] 王建平、谭金海：《农民工市民化：宏观态势、现实困境与政策重点》，《农村经济》2012 年第 2 期。

[100] 王立新：《工业化问题研究范式的反思与重构：从工业主义到重农主义》，《史学月刊》2006 年第 1 期。

[101] 王美艳：《农民工还能返回农业吗？——来自全国农产品成本收益调查数据的分析》，《中国农村观察》2011 年第 1 期。

[102] 王青云：《应把县城作为吸纳农村劳动力转移的重要载体》，《宏观经济研究》2009 年第 10 期。

[103] 温铁军：《中国的城镇化道路与相关制度问题》，《开放导报》2000年第 5 期。

[104] 王文苹：《论农村转移人口离农机制的构建》，《许昌学院学报》2014 年第 4 期。

[105] 王新、曹玉玲:《农村劳动力非城镇化转移模式的再审视》,《经济问题探索》2010 年第 12 期。

[106] 王小鲁:《中国城市化路径与城市规模的经济学分析》,《经济研究》2010 年第 10 期。

[107] 王小鲁、樊纲:《中国地区差距的变动趋势和影响因素》,《经济研究》2004 年第 1 期。

[108] 王兆林:《户籍制度改革中农户土地退出行为研究》,中国社会科学出版社,2014。

[109] 王竹林:《城市化进程中农民工市民化研究》,社会科学文献出版社,2009。

[110] 熊波、石人炳:《农民工永久性迁移意愿影响因素分析:以理性选择理论为视角》,《人口与发展》2009 年第 2 期。

[111] 许恒周、郭玉燕、吴冠岑:《代际差异视角下农民工土地流转意愿的影响因素分析——基于天津 613 份调查问卷的实证研究》,《资源科学》2012 年第 10 期。

[112] 徐家鹏:《新生代农民工职业技能培训参与意愿调查研究》,《职业技术教育》2013 年第 34 期。

[113] 续田曾:《农民工定居性迁移的意愿分析——基于北京地区的实证研究》,《经济科学》2010 年第 3 期。

[114] 夏显力、张华:《新生代农民工市民化意愿及其影响因素分析——以西北 3 省 30 个村的 339 位新生代农民工为例》,《西北人口》2011 年第 2 期。

[115] 谢云、曾江辉、夏春萍:《农民工落户城镇意愿及影响因素调查——以湖北为例》,《调研世界》2012 年第 9 期。

[116] 徐育才:《危机背景下农村剩余劳动力转移的模式与对策》,《学术研究》2010 年第 3 期。

[117] 熊智伟、王征兵:《农民工返乡创业意愿影响因素实证研究——基于江西省 262 名返乡创业农民工的调查数据》,《统计与信息论坛》2011 年第 11 期。

[118] 余传杰:《农业转移人口市民化:机制完善及制度创新》,《中州学刊》2004 年第 3 期。

［119］杨菊华：《中国流动人口的社会融入研究》，《中国社会科学》2015年第2期。

［120］郁建兴、高翔：《农业农村发展中的政府与市场、社会：一个分析框架》，《中国社会科学》2009年第6期。

［121］叶静怡、李晨乐：《人力资本、非农产业与农民工返乡意愿——基于北京市农民工样本的研究》，《经济学动态》2011年第9期。

［122］杨松：《论中国农村劳动力转移——基于户籍歧视视角》，博士学位论文，中共中央党校，2011。

［123］杨媛媛、周莉荔、陈思羽等：《昌吉市农村剩余劳动力转移影响因素分析》，《农村经济与科技》2013年第12期。

［124］姚植夫、薛建宏：《新生代农民工市民化意愿影响因素分析》，《人口学刊》2014年第3期。

［125］赵春雨、苏勤、盛楠：《农村劳动力转移就业的时空路径——以安徽省4个样本村为例》，《地理研究》2014年第8期。

［126］曾福生：《中国现代农业经营模式及其创新的探讨》，《农业经济问题》2011年第10期。

［127］中国社会科学院农村发展研究所：《中国农村经济形势分析与预测（2012~2013）》，社会科学文献出版社，2013。

［128］张广婷、江静、陈勇：《中国劳动力转移与经济增长的实证研究》，《中国工业经济》2010年第10期。

［129］朱红根：《外部环境与农民工返乡创业意愿关系的实证分析——基于江西省1145个农民工样本调查数据》，《经济问题探索》2011年第6期。

［130］周华蕾：《"逃离北上广"续篇：做沙丁鱼，还是做咸鱼》，《南方周末》2011年11月11日。

［131］张洪霞：《新生代农民工市民化的影响因素研究——基于全国797位农民工的实证调查》，《调研世界》2014年第1期。

［132］张红宇：《新常态下的农民收入问题》，《农业经济问题》2015年第5期。

［133］张红宇等：《中国特色农业现代化：目标定位与改革创新》，《中国农村经济》2015年第1期。

［134］张红宇、李伟毅：《人地矛盾、"长久不变"与农地制度的创新》，《经济研究参考》2011年第9期。

［135］周蕾、谢勇、李放：《农民工城镇化的分层路径：基于意愿与能力匹配的研究》，《中国农村经济》2012年第9期。

［136］张利斌、刘龙飞、涂慧：《政策支持对民族地区返乡农民工创业意愿影响的实证分析》，《中南民族大学学报》（自然科学版）2013年第3期。

［137］张丽艳、陈余婷：《新生代农民工市民化意愿的影响因素分析——基于广东省三市的调查》，《西北人口》2012年第4期。

［138］周妮笛、李明贤：《城市郊区农户土地流转意愿及其影响因素：基于长沙市8乡镇农户调查数据》，《湖南农业大学学报》（社会科学版）2013年第6期。

［139］张宁俊：《统筹城乡：促进农村劳动力合理有序转移》，《财经科学》2008年第12期。

［140］赵勋、张金麟：《基于私人成本与私人收益的农民工市民化意愿研究》，《华东经济管理》2012年第12期。

［141］张务伟、张福明：《农村剩余劳动力就地转移和异地就业影响因素实证分析——基于对山东省17地市1873户农民的调查》，《农村经济》2008年第6期。

［142］张兴华：《中国农村剩余劳动力的重新估算》，《中国农村经济》2013年第8期。

［143］郑兴民：《中国城镇化进程中的农民退出机制研究》，人民出版社，2012。

［144］张学敏：《离农分化、效用差序与承包地退出——基于豫、湘、渝886户农户调查的实证分析》，《农业技术与经济》2013年第5期。

［145］张笑秋、陆自荣：《行为视角下新生代农民工定居城市意愿的影响因素分析——基于湖南省的调查数据》，《西北人口》2013年第5期。

［146］张翼：《农民工"进城落户"意愿与中国近期城镇化道路的选择》，《中国人口科学》2011年第2期。

［147］赵莹、柴彦威、陈洁等：《时空行为数据的GIS分析方法》，《地理与地理信息科学》2009年第5期。

［148］赵艺文、梁倩倩、李珊：《新生代农民工职业培训意愿的影响因素研究》，《法制与社会》2013 年第 5 期。

［149］张占斌、刘瑞、黄锟：《中国新型城镇化健康发展报告（2014）》，社会科学文献出版社，2014。

［150］张照新、赵海：《新型农业经营主体的困境摆脱及其体制机制创新》，《改革》2013 年第 2 期。

［151］Bhattacharyya, A. and Parker, E., "Labor Productivity and Migration in Chinese Agriculture: A Stochastic Frontier Approach," *China Economic Review*, 10（2）, 1999.

［152］Bogue, Donald J., "Internal Migration," in Hauser, Duncan（ed.）, *The Study of Population: An Inventory Appraisal*（Chicago: University of Chicago Press, 1959）.

［153］Cai, F., Wang, D. and Du, Y., "Regional Disparity and Economic Growth in China: The Impact of Labor Market Distortions," *China Economic Review*, 13, 2002.

［154］Dale, W. Jorgenson, "The Development of a Dual Economy," *Economic Journal*, 23, 1961.

［155］Donald, J. Bogue, *Internal Migration in The Study of Populations: An Inventory and Appraisal*（University of Chicago Press, 1959）.

［156］E. S. Lee, "A Theory of Migration," *Demography*, 1, 1966.

［157］Fei C. H., Rains G. A., "Theory of Economic Development," *American Economic Review*, 9, 1961.

［158］Hare, Denise, "'Push' versus 'Pull' Factors in Migration Outflows and Returns: Determinants of Migration Status and Spell Duration among China's Rural Population," *Journal of Development Studies*, 35（3）, 1999.

［159］J. E. Taylor and P. L. Martin, "Human Capital: Migration and Rural Population Change," B. Gardener and G. Rausser, eds., *Handbook of Agricultural Economics*, Volume I, 2001.

［160］Kimhi, Ayal & Rapaport, Eliel, "Time Allocation Between Farm And Off-Farm Activities In Israeli Farm Households – 1995," Discussion

Papers 15002, Hebrew University of Jerusalem, Department of Agricultural Economics and Management, 2001.

[161] Lewis G. J. ,Human Migration (London: Groom Helm Ltd, 1982).

[162] Lewis, W. A. , "Economic Development with Unlimited Supply of Labor," The Manchester School, 1954.

[163] Murphy, Rachel, "Return Migration Entrepreneurs and Economic Diversification in Two Counties in South Jiangxi, China," *Journal of International Development*, 11 (4), 1999.

[164] O. Stark, *The Migration of Labour* (Cambridge: Basil Blackwell, 1991).

[165] O. Stark and Taylor J. E. , "Migration Incentiver, Migration Types: The Role of Relative Deprivation," *The Economic Journal*, 101, 1991.

[166] Pred, A. , "Urbanization, Domestic Planning Problems and Swedish Geographical Research," Board C. et al. , eds. *Progress in geography* (London: Edward Arnold, 1973.

[167] Rawski,T. G and Mead, R. W. , "On theTrail of China's Phantom Farmers," *World Development*, 26 (5), 1998.

[168] Taylor, J. R , "Rural Employment Trends and the Legacy of Surplus Labor, 1978 – 1986," *The China Quarterly*, 11 (6), 1988.

[169] Todaro M. P. A. , "Model of Labor Migration and Urban Unemployment in Less Developed Countries," *American Economics Review*, 87, 1969.

[170] Wang, Winnie Wenfei and Fan, C. Cindy, "Success or Failure: Selectivity and Reasons of Return Migration in Sichuan and Anhui, China," *Environment and Planning A*, 38 (5), 2005.

[171] Zhao,Yaohui, "Causes and Consequences of Return Migration: Recent Evidence from China," *Journal of Comparative Economics*, 30 (2), 2002.

后　记

　　我对"三农"问题的研究兴趣由来已久，近年来尤其关注农村转移人口生存状况及其对经济社会发展的影响。但是，碍于前期学术积累有限与基层调研经验不足，相关研究始终停留于思考层面。感谢我的博士后合作导师李小建教授，因为他本人得以进入河南大学从事应用经济学博士后研究工作。正是在导师的启发与引导下，我选择以"离农机制"作为研究农村人口转移问题的切入点，并完成博士后出站报告与本书的撰写工作。在博士后研究期间，李老师严谨的治学态度与深厚的学术修养，无不让我领略到大家风范，并让我更加坚定了日后的学术道路。

　　感谢河南大学经济学院在我从事博士后研究工作期间所提供的便利，特别感谢李恒教授、李二玲教授等专家曾经给予的帮助与指导，我会铭记在心。

　　感谢信阳师范学院商学院的诸位领导与同事，正是他们承担了许多本应由我来完成的工作，才让我能够专心从事本书的写作工作。

　　感谢家人的理解与支持。特别需要说明的是，本书创作期正逢女儿张玥的高中期。完稿之际，女儿正值紧张的高三，她成长的每一步都使我欣慰，希望我的学习生活能够给予她积极的影响，使她健康地成长。

郑　云

2017 年 4 月 15 日于信阳

图书在版编目（CIP）数据

中国农村转移人口离农机制研究／郑云著. -- 北京：
社会科学文献出版社，2017.8
（城乡协调发展研究丛书）
ISBN 978 - 7 - 5201 - 1050 - 1

Ⅰ.①中… Ⅱ.①郑… Ⅲ.①农村人口 - 劳动力转移
- 研究 - 中国 Ⅳ.①C924.24

中国版本图书馆 CIP 数据核字（2017）第 157982 号

城乡协调发展研究丛书
中国农村转移人口离农机制研究

著　者／郑　云

出 版 人／谢寿光
项目统筹／周　丽　陈　欣
责任编辑／陈　欣　吴　鑫　汪　涛

出　　版／社会科学文献出版社·经济与管理分社（010）59367226
　　　　　地址：北京市北三环中路甲 29 号院华龙大厦　邮编：100029
　　　　　网址：www.ssap.com.cn
发　　行／市场营销中心（010）59367081　59367018
印　　装／三河市尚艺印装有限公司

规　　格／开　本：787mm×1092mm　1/16
　　　　　印　张：12.25　字　数：195 千字
版　　次／2017 年 8 月第 1 版　2017 年 8 月第 1 次印刷
书　　号／ISBN 978 - 7 - 5201 - 1050 - 1
定　　价／59.00 元

本书如有印装质量问题，请与读者服务中心（010 - 59367028）联系